泉城文库

济南出版社

海右名士丛书

秦永洲 由春燕 于慧 王新文 著

大舜

图书在版编目（CIP）数据

大舜 / 秦永洲等著. -- 济南：济南出版社，
2024.4
（海右名士丛书）
ISBN 978-7-5488-6234-5

Ⅰ. ①大… Ⅱ. ①秦… Ⅲ. ①舜－传记 Ⅳ.
① K827=1

中国国家版本馆 CIP 数据核字（2024）第 059359 号

大舜
DASHUN

秦永洲　由春燕　于慧　王新文　著

出 版 人　谢金岭
责任编辑　李钰欣　王小曼　胡长娟　范晴
装帧设计　牛钧

出版发行　济南出版社
地　　址　山东省济南市二环南路1号（250002）
总 编 室　0531-86131715
印　　刷　济南新先锋彩印有限公司
版　　次　2024年4月第1版
印　　次　2024年4月第1次印刷
开　　本　160 mm×230 mm 1/16
印　　张　11.75
字　　数　140千字
印　　数　1—4000册
书　　号　ISBN 978-7-5488-6234-5
定　　价　58.00元

如有印装质量问题，请与出版社出版部联系调换
电话：0531-86131736

版权所有　盗版必究

前言

舜是三皇五帝中的"五帝"之一，还是远古东夷族的首领和东夷文化的杰出代表，夷夏文化融合的关键人物。济南是舜的故乡，有着丰富的大舜文化资源。

舜不仅传承了东夷文化的优秀传统，还对其进行再创造，增添了新的内涵。

第一，舜耕历山、渔雷泽、陶河滨、作室、筑墙、茨屋等，首创了"重技艺，尚德行"的独特文化精神，不仅促进了大舜时期社会生产力的不断发展，还推动了社会文明的不断进步。

第二，舜珍视父母兄弟之间的亲情，恪尽孝道。所居之处一年成聚，二年成邑，三年成都，以及"让居"的传说，不仅蕴含着孝悌、爱民、劝善、礼让、德化、利天下等道德精神，还彰显了一种万民所归的人格感召力。孔孟的孝道、"为政以德"均源于舜。司马迁《史记·五帝本纪》载："天下明德皆自虞帝始。"因此可以说，舜是中华民族的人文道德始祖。

第三，舜"龙工入井"，掘出东、西两处甘泉，就叫舜井，也叫舜泉。故事虽是传说，舜井却是真实存在的。乾隆《历城县志》卷九《山水考四》载："舜泉在舜祠东，一名舜井，双井并列。"舜井及周围的鉴泉、杜康泉等流出的水叫历水，经今舜井街到今珍珠泉、曲水亭街、百花洲，再向西北流入沟渎相通的历水陂（今大明湖的前身）、鹊山湖。因此，舜不仅是济南泉水文化的创造者，还是远古凿井技术的发明者，城子崖的人工凿井遗址足以证明此说不虚。在不知道凿井之前，人们不会利用地下水，只能居住在江河湖泊附近，发明凿井后，远古人类渐渐脱离了对河流的依赖，生活空间大大地拓展了。当然，这不是舜一个人的功劳，是那个时代的济南先民集体智慧的结晶，而舜只是这项发明的人格化代表。

第四，舜鸟工上廪、龙工入井和象耕鸟耘的传说，与东夷族嫦娥奔月、蚩尤造雾、呼风唤雨、羿陆地行舟，以及鲁班削竹木为鹊的故事如出一辙，都反映了当时东夷族具有丰富的想象力及在生产力低下的情况下对大自然奥妙的探索。从鸟工、嫦娥奔月、削竹木为鹊可知，东夷族很早就知道利用空气浮力，如果不是后来儒家"重实际，轻幻想""重道德，轻技艺"的价值观占了主导地位，山东说不定能成为宇宙飞船、飞机、降落伞的故乡。

第五，舜是中国官员监察考核制度和刑法萌芽的首创者。《尚书·舜典》载："五载一巡守，群后四朝。敷奏以言，明试以功，车服以庸。"这种天子诸侯互动的考核和车服奖励制度都被后来的王朝所继承。舜还在器物上刻画出"五刑"的形状，以示儆戒。他将五刑（墨、劓、刖、宫、大辟）减轻为流放，官吏犯法用鞭刑，教化民众有不服从者用榎楚，犯了过错可以用金赎罪，类似我们今天的罚款。这样，在舜时中国远古的刑法体系已初具端倪。

随着氏族间的血亲复仇升级为以征服、掠夺为目的的战争，私有制不断加剧着阶级分化，各种国家机器呼之欲出，新的阶级社会已来敲门。刑法是国家机器的重要组成部分，也是一个阶级压迫另一个阶级的工具。舜所处的氏族时代是没有刑法的，维护社会秩序依靠的是氏族首领所拥有的崇高威望。然而，舜又处在无阶级社会到阶级社会、大同社会到小康社会的过渡时期，私有制的发展、阶级等级的出现以及国家的产生是社会发展的必然趋势。能够敏锐地识别这一历史转折的趋势，敢于创新立制，改弦更张，顺应社会历史发展潮流，在史无前例的情况下，创造出一种维护社会秩序、维护自己统治的新机制，正是一个有雄才大略的"圣人""皇""帝"的政治素质。

第六，舜领导夷夏联合治水的成功，在展示远古险恶生存环境的同时，还讴歌了中华先民对大自然的征服、改造、利用。正是人类强大的主体意识和征服自然的顽强信念，支撑山东初民走过那险恶而艰难的年代。它真实地记录了中华民族在童年时代蹒跚的足印，作为中华民族的文化源头，在很大程度上影响了民族精神的形成及其特征的塑造，成为中华民族生生不息的源泉。

第七，舜创造了政通人和的和谐社会。随着大禹治水的成功，舜的统治开始进入天下大治的太平盛世。被舜任命的人均敬业尽职，政绩卓著。天下所有事物均被治理得井井有条，四海之内无不颂扬舜的功德。

"春风杨柳万千条，六亿神州尽舜尧。"尧舜是中国封建史家津津乐道的仁义道德明君，尧舜时代是几千年来人们推崇的治世，也是远古第一个典型的"和谐社会"。

第八，舜传承了禅让制的政权更替方式，体现了"以人为本，任人唯贤"的思想，促进了社会的和谐发展，同时也为后世的政治制度提供了启示和借鉴。

舜所创造的独特文化精神，对济南的政治、经济、文化建设，对济南人的观念、境界、意识的更新和开阔，以及整体素质的提高，尤其是加强济南人省会领先地位的进取意识和紧迫感，都有直接的实践意义和传承价值。

本书系统叙述了舜的事迹以及舜与济南密不可分的关系，在叙述中严格遵守言之有据的基本原则，在不影响历史内容表述的情况下，尽量交代该事件、该人物、该过程的材料依据。由于我们的水平所限，不敢以时间仓促而避责，书中不当之处，敬请读者朋友和方家教正。

本书的编撰和出版，得到济南出版社领导和编辑的大力支持和帮助，在此表示衷心感谢。

秦永洲

2024年3月

目录

第一章　闻说东夷有圣人　001

第二章　历经考验的舜　017

第三章　摄政时期的舜　041

第四章　远古发明创造的人格化代表　059

第五章　尧舜吾君民，勋业垂万年　075

第六章　皇皇大舜，合尧玄德　101

第七章　活跃在济南周围的虞舜后裔　113

第八章　茫茫舜迹在济南　139

第一章

闻说东夷有圣人

济南的山、泉、湖、河、城，以及大街小巷，处处都有舜的遗迹。例如，济南有"舜城"之称，城南的千佛山又称舜山、舜耕山，山上有舜祠。济南古代城池南门为舜田门，舜田门内有舜井街，舜井街上有舜井、舜庙。趵突泉院内有纪念舜的两位妃子娥皇、女英的庙宇，叫娥英祠，趵突泉流出的水称娥英水、娥英河。泉城广场文化长廊排列着十大山东名人，第一位就是舜。另外，济南还有以舜耕命名的中学和小学，有一条大路叫舜耕路。所有这些历史遗迹和纪念性的建筑，形成了济南特有的大舜文化。

一、圣贤桑梓——济南历下所在的东夷族

大舜出身于远古时期的东夷族，是东夷族人人尊崇的部落首领。大舜文化中蕴含的许多文化精神，都与东夷文化息息相关。大舜早期的活动地域主要以济南历下为中心，因此要了解大舜，首先要了解远古时济南历下所在的东夷族的历史。

东夷并非民族概念，而是对生活在东方的不同部落、方国的统称，他们有着不同的文化、习俗、语言、种族、传统和起源。早期东夷中有许多部族逐渐融汇到华夏族群之中，比如东夷的首领少昊、舜，秦人的祖先伯益等。

西周齐、鲁立国之前，远古时代的山东先民被称作东夷。先秦文献中的东夷，专指分布在今山东、苏北、淮北地区那些非华夏的部落与方国。"夷"的名称，约产生于夏代，与"华""夏"并称。在商代甲骨文中，"夷"字经常出现，泛指居住在华夏统治中心之外的周边部族。

千佛山下的大舜铜像

西汉戴圣的《礼记·曲礼下》称："其在东夷，北狄，西戎，南蛮，虽大曰'子'。"意思是：在周朝，天子为王，以下有公、侯、伯、子、男等爵位，中原华夏族的诸侯国称公、侯，如齐桓公、魏文侯等。周边的东夷、北狄、西戎、南蛮等方国，即便再大，也只能称"子"。这里的"夷"，才开始有"东方之人"的意思。

《礼记·王制》讲："中国戎夷，五方之民，皆有性也，不可推移。东方曰夷，被发文身，有不火食者矣。南方曰蛮，雕题交趾，有不火食者矣。西方曰戎，被发衣皮，有不粒食者矣。北方曰狄，衣羽毛穴居，有不粒食者矣。"这里讲的是周边各族生活方式的不同阶段和特点。东夷族披发文身，有的因不知道用火而生食；南蛮族额上刺花纹，两脚向里勾，有的不知道用火而生食；西戎族和北狄族披头散发，或穿兽皮，或穿羽毛而穴居，有的只知道吃鸟兽的肉而不知道种植粮食，还没有原始的农业。

东汉许慎《说文解字·大部》讲："夷，平也。从大，从弓，东方之人也。"许慎不仅明确了夷为"东方之人"的说法，还讲到东夷人个子高，善于制作和使用弓箭。

夏朝、商朝的统治中心在今山西、陕西、河南的黄河中游地区，"东夷"既然在这个统治中心之外的东边，那么就只能是以今山东为中心的东部地区了。

中国文化的形成，不是由一个文化中心向四周扩散、辐射而成，而是一开始就呈现文化中心多元化和多个文化中心向中原内聚的格局，后来逐渐融汇到统一的华夏文化之中。关于远古四夷向华夏中心的内聚，《孟子·离娄下》的一段话很能说明问题："舜生于诸冯，迁于负夏，卒于鸣条，东夷之人也。文王生于岐周，卒于毕郢，西夷之人也。地之相去也，千有余里；世之相后也，千有余岁。得志行乎中国，若合符节，先圣后圣，其揆一也。"孟子的意思是：舜和周文王分别是东夷、西夷之人，空间相隔千余里，时间相差千余年，但他们的文化精神都被华夏中国奉行不替，只要文化相通，先圣、后圣，准则是一样的。也就是说，东夷的舜，西夷的文王，都融汇到华夏文化之中了。

西周中原文化崛起之前，华夏和四夷的界限并不像后来那样泾渭分明，中原部族也没有后来那么浓重的优越感和文化中心意识。在很长的一段时间内，东夷文化一直居领先地位。中国的龙、凤文化就是东夷太昊、少昊创立的图腾意识，而黄帝的云图腾、炎帝的火图腾，却不被后人看重，逐渐被淡化了。古代二十八宿把四方的星象看成四种图案，叫作四象。《礼记·曲礼上》称："前朱鸟而后玄武，左青龙而右白虎。"在这四种图像中，南方朱鸟、北方龟蛇、东方青龙与东夷族的图腾有关，由此可见东夷文化的影响深远。春秋时期的郯国国君谈到自己祖先东夷少昊氏"以鸟名官"的这段历史时，不仅展示了渊博的知识，而且充满了无限的自豪感，连通悉三代因革损益而自诩的孔子也为之折服，拜倒在郯子门下，并发出了"天子失官，学在四夷"的感叹。少昊的一整套"鸟名官"的组织系统，蚩尤、羿的军事武力，龙山文化（距今4600—4000年）的黑陶、发达的东夷音乐等，均在当时居领先地位。

唐朝大诗人杜甫在《陪李北海宴历下亭》诗中曾留下"海右此亭古，济南名士多"的佳句。在传说的东夷族历史上，可以说是名士辈出，他们往往都是华夏族尊崇的圣人，最为著名的部落首领有

千佛山"尧帝访贤"主题广场上的东夷族图腾石

太昊、少昊、九天玄女、蚩尤、颛顼、帝喾、大舜、共工、羿、皋陶、伯益等。东夷族各部落主要以龙、蛇、凤、鸟、太阳为图腾,以鸟类图腾居多。其中,最主要的部落有风姓、姜姓、嬴姓、姚姓等。本书的主人翁——舜,就是东夷族后期的著名首领。

沿济南千佛山正北门东面的侧门向南走,在索道站东北侧是"尧帝访贤"主题广场。在舜的背后,有一块东夷族图腾石,中间是太阳,太阳内有一人搭弓射箭,周围是各种姿态的鸟和白云,就是东夷族鸟图腾、太阳图腾以及东夷人尚武善射的生动写照。

"尧帝访贤"主题广场西边的树林向南的大舜石图园,是系统表述东夷族文化和舜文化的地方,9根石柱上刻有尧舜相见、舜命禹治水、舜帝东巡、黄帝战蚩尤、嫦娥奔月、东夷族图腾、羿射九日、夸父逐日、舜耕历山、虞舜三次罹难、舜帝南巡等图案。

由东夷族的简略情况可以看出,传说中的舜所出身的东夷族远古时代的特点和文化特征:

（一）以人为主体的时代

在东夷神话中，自然神被人类神所替代，极大地突出了人类自身的主体性。羿射日的神话，对太阳表示了极大的诋毁和不敬，说明东夷族文化业已摆脱自然崇拜，而进入以人为主体的时代。东夷神话中的主人公都是人的形象，他们的业绩在于创造、抗争和征服，如太昊氏、少昊氏、蚩尤、玄女、舜、伯益、羿等，不仅需要神技，还要有超人的胆略。蚩尤、羿的神话展示了人类英雄突出的个性、勇气以及人类对自身不可动摇的信念。把蚩尤说成是"不死之神"，讴歌了人类顽强的生命力。

（二）对自然的支配、征服

东夷族的神话和传说，反映了我们的祖先在生产力低下的情况下对大自然奥秘的探索，对神灵和人类险恶环境的抗争、征服、改造、利用，对远古生活的创造和开拓。太昊氏等人类物质生活的创立者，都表现出了强大的创造力和征服、改造、利用自然以开拓新生活的能力。三皇五帝时期，黄河泛滥，舜任命大禹以及夷、夏联合治水，这一壮举最积极的意义，在于表现了远古人类在灭顶之灾面前强大的生命力和再生力。世界远古各族几乎都有关于大洪水的传说，毁灭性的洪水被认为是不可战胜的大天灾，唯独华夏族的洪水被治理得"地平天成"，于神话传说中隐寓了人定胜天、改造自然、造福人类的积极精神，这是舜领导的夷、夏联合治水的真正意义，而这正是对东夷文化精神的直接传承。

正是人类强大的主体意识和征服自然的坚强信念，支撑山东初民走过那险恶而艰难的年代。它真实地记录了中华民族在童年时代蹒跚的足印，作为中华民族的文化源头，在很大程度上影响了民族精神的形成及其特征的塑造，成为中华民族生生不息的源泉。

（三）厚生爱民意识

对百姓的爱护和尊重，是中国文化的一贯精神。《周易·系辞下》所谓"天地之大德曰生"，就反映了这种思想。东夷族神话在展示人类恶劣的生存境遇的同时，还为人类塑造了一些保护神，如太昊伏羲氏、舜、伯益、羿等。此外，还有一些神话形象，如太昊氏的龙图腾、少昊氏的凤图腾等。《山海经·南山经》称凤凰"见则天下安宁"，意思是：它们一出现，天下就会太平。

东夷族有发达的音乐，其起源并非为了满足统治者轻歌曼舞的需求，而是"以来阴气，以定群生"，通过乐舞结合用来宣导"气郁瘀而滞著，筋骨瑟缩不达"，有益身心健康。它和东夷族的嫦娥偷吃"不死之药"的传说一样，都表现了对个体生命的珍惜，对生命延续的希冀和渴望。

（四）强大的东方军事部落

蚩尤铜头铁额，人身牛蹄，四目六手，能呼风唤雨兴雾，被人们奉为"战神""兵主""不死之神"，黄帝在东夷女神玄女的帮助下才战胜了他，并画他的神像以震慑天下，可见蚩尤神的威力之大。在帝俊（喾）、尧面对十日并出危害天下苍生的局面束手无策时，东夷族的羿则凭借自己高超的射艺救天下苍生于水火。这些传说本身就说明了东夷族强大的军事武力。

（五）丰富的想象力

远古的东夷族有着丰富的想象力，东夷神话展开幻想的翅膀在广阔的宇宙空间尽情地翱翔，用幻想的方式设计了许多荒诞悖理的神奇现象。嫦娥奔月，蚩尤造雾、呼风唤雨，鯀陆地行舟，舜为龙工、鸟工等传说，都为后来脚踏实地的科学研究提供了研究课题。

人类奔往月球的最初遐想始于东夷族，古代许多典籍都记载了东夷族嫦娥奔月的故事。嫦娥和吴刚、蟾蜍、桂树是人类幻想中月球上最早的居民和生物，这些传说还成为中秋节风俗的渊源，反映了古人对东夷文化的认同。把嫦娥奔月和舜鸟工上廪的故事联系起来，说明东夷族不仅有奔上月球的幻想，还知道利用空气浮力，如果沿着这一思路继续前进，说不定山东会成为宇宙飞船、飞机和降落伞的故乡。

（六）重技艺，尚德行

东夷族的生产力水平和征服自然的能力在当时来说相当先进。从"尚仪作占月"和东夷部落娥訾氏擅长占月的传说来看，东夷的天文学非常发达，人们了解了月亮圆缺出没的情况，自然会附会出东夷族嫦娥奔月的神话。

东夷族太昊氏的辅佐神句芒手拿规，少昊氏的辅佐神蓐收手执矩，伯益作井，奚仲造车等，都表现了东夷族既重技艺又尚德行的传统。东夷族较高的生产力水平，不仅是舜进行各项发明创造的前提，也是后来齐鲁手工业发达的渊源。

山东嘉祥武氏祠的汉代画像石中，女娲手执规、太昊氏手执矩，这些崇高而伟大的人文始祖也手执规矩，从事技艺，更足见东夷族对技艺的重视。东夷族射日的羿、陆地行舟的鯀，更是以技艺高超而得到拥戴。

"重技艺，尚德行"作为东夷文化的独到之处，影响深远。舜作为万代敬仰的仁义道德明君竟然有凿井、作室、筑墙、茨屋、辟地、树谷等诸多的发明创造，与东夷文化这种独特精神有着必然的联系。舜帝治理天下的一系列辉煌的业绩，就是以东夷族先进的文化为深刻背景的。

二、虞舜不逢尧，耕耘处中田——舜的家世

现在，我们往往用以元谋人、蓝田人、北京人为代表的猿人，丁村人为代表的古人，山顶洞人为代表的新人，以及氏族公社时期来标志远古的中国历史，而在我国古传说中，远古历史体系却是"自从盘古开天地，三皇五帝到如今"。"三皇"（燧人氏、伏羲氏、神农氏）之后，黄帝、颛顼、帝喾、唐尧、虞舜相继王天下，他们被称为"五帝"。

五帝时期的古传说，已没有太多离奇荒诞的神味，其主角往往是半人半神，与现实拉近了距离。黄河流域以及周边各地林立着许多以城为中心的部落方国，形成一个个方国文化中心。中华五千年文明业已萌动，氏族间的血亲复仇已升级为以征服、掠夺为目的的战争，私有制不断加剧着阶级分化，各种国家机器呼之欲出，新的阶级社会已来敲门。黄帝战蚩尤、颛顼败共工、尧四处征伐，相继为中原盟主，开始把各地的方国文化融汇为统一的华夏文化。不久，中原再度陷入混乱，尧无力平息，东夷部落的舜被推上历史舞台。

据《史记·五帝本纪》记载，舜是黄帝的九世孙，从黄帝到舜，依次的世系是：

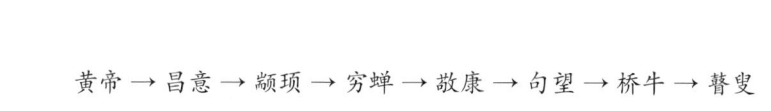

黄帝 → 昌意 → 颛顼 → 穷蝉 → 敬康 → 句望 → 桥牛 → 瞽叟 → 舜

黄帝、颛顼都是人人拥戴的五帝之一，自穷蝉开始这一支衰落，一直到瞽叟都是平民。瞽叟是个盲人乐师，妻子握登在诸冯东十三里的姚墟生下舜，子孙们以地为姓，故姓姚。又因为舜生于有虞氏部落，史称虞舜。舜娶娥皇、女英于"妫水之汭"，所以舜是姚姓、妫姓的始祖。传说握登见彩虹感而生下舜，而舜的眼睛有两层瞳孔，故名重华，字都君。

《孟子·离娄下》载："舜生于诸冯，迁于负夏，卒于鸣条，东夷之人也。"诸冯、负夏、鸣条，都是地名。一说诸冯即今山东诸城，当地有舜王街等地名，因此至今尚有"虞舜，姓姚，名重华，今诸城市万家庄乡诸冯村人"的说法。先秦时的鸣条有多处，舜去世的鸣条说法不一，如《礼记·檀弓上》说："舜葬于苍梧之野。"东汉郑玄认为鸣条是南夷地名，即今湖南境内。

《史记·五帝本纪》中的记载与《孟子》略同："舜耕历山，渔雷泽，陶河滨，作什器于寿丘，就时于负夏。"这里叙述了舜早期的生产活动，在历山耕田，在雷泽打鱼，在河滨制作陶器，在寿丘制作各种家用器物，在负夏经营商业。雷泽又名雷夏泽、兖州泽，在今山东菏泽东北，唐以后干涸，隋开皇十六年（596）设雷泽县，金贞元二年（1154）废入鄄城（在今山东菏泽）。

可见，至少在登帝位之前，舜主要活动的地区是今济南、诸城、济宁一带，而这一带正是远古东夷族的中心。

舜的母亲握登早亡，父亲瞽叟又娶一妻，生了个儿子名叫象，女儿名叫敤手。舜这个同父异母的妹妹敤手，心地善良。传说她的手特别巧，是中国历史上最早的以画入史的画祖，被称作画嫘。西汉刘向《列女传》盛赞她善画，"造化在心，别具神技"。

　　西汉司马迁在《史记·五帝本纪》中用"舜父瞽叟顽，母嚚，弟象傲"来描绘舜的父亲、继母和弟弟象，可知这三人绝非善类。尤其是象，依仗父母溺爱，经常欺压舜，父母不仅不制止，反而对象言听计从。顽劣父亲、恶毒后母、傲慢弟弟三个人恶恶联手，忠厚孝悌的舜时刻处在他们的百般刁难和肆意陷害之中。后来，象竟和父母串通起来，要谋杀舜，企图独吞家产。面对欲杀害自己的父亲和弟弟，舜非但不怨恨，反而越来越恭敬谨慎，一时一刻也不敢懈怠，遇到事情总是机敏应对，从不违背作为儿子、作为哥哥的孝悌之礼。就这样，父母和象要加害舜的时候，他及时逃避；需要他时，舜又总是在他们身边听候呼唤，正如《史记·五帝本纪》所说"欲杀，不可得；即求，尝在侧"。舜的这些做法，被儒家称作"小杖则受，大杖则走"。

　　由此可以看出，舜不仅宅心仁厚、善良笃谨，而且聪慧敏锐、深明事理，与父亲等三人的周旋可以说是轻松从容、游刃有余。于是，舜孝敬父母、和睦弟弟的故事逐渐在东夷族中流传开来。到20岁时，舜已经以孝闻名天下了。根据这些传说推论，此时舜即便没担任东夷族的首领，也应该是东夷族很有影响的人物了。宋朝诗人李流谦在《失题》中写道："名高天不掩，舜聪彻幽阻。"意思就是聪明的舜在险境中与居心不良的父母、弟弟周旋，不仅生存下来，而且名闻天下，连老天都不掩盖他的美名。

三、独具慧眼的"四岳"

舜所处的五帝时代属于父系氏族公社时期，正是由"天下为公"的大同社会向"天下为家"的小康社会即阶级社会过渡的时期。按照传统惯例，从天下的最高统治者，到部落联盟的各级首领、官长都要通过选举产生。不仅如此，部落、氏族的各项重大事务，以及负责重大事务的人选，也不能由一人专制，而是由大家协商决定，这就是所谓的氏族民主时代。

据《尚书·尧典》《史记·五帝本纪》等古代典籍记载，尧舜时期，天下诸多事务的参议者，一般是四岳，他们似乎是尧舜执掌天下的智囊团。由于四岳是远古传说中的历史人物，古代典籍中有不同的记载，历来争议较多，主要有两种说法：

宋朝孔平仲在《珩璜新论》中认为四岳是一个人，他写道："吾尝以四岳为一人，通二十二人之数。……《书》内有百揆、四岳，若以为四人，则百揆亦须为百人矣。"孔平仲把四岳和三老、五更、百揆相类比，根据史料记载，判断三老、五更和百揆是官名，皆由一人执掌，由此断定四岳应当是一人。

《史记》认为四岳是四个人，因此司马迁在描写四岳回答尧舜的问题时都是用"皆曰"，表示多人异口同声。远古传说的历史人物本来就不能较真，有多个人、多种说法，都是正常的。我们姑且采用《史记》的说法，把四岳作为尧舜时期的四方部落首领。

据《尚书·尧典》记载，尧晚年的时候，洪水泛滥，派鲧治水九年

大舜

徒劳无功，三苗又不断挑起叛乱。尧感到力不从心，于是到处访贤，寻找继承人。

尧向四岳征求意见说："四方部落首领啊！我在位七十年，你们之中有谁能够顺应上天的命令，代替我登上帝位啊？"

四岳纷纷推辞说："我们的德行鄙陋，不配登帝位。"

尧迟疑了一下，说："那么，你们考察一下贵戚中的贤人，或是地位虽然低贱实际上却是贤能的人，选择一个最贤德的人登上帝位吧！"

大家告诉尧："民间有一个处境困苦的人，名字叫虞舜。"

尧说："是啊！我也听说过这个人，但他的德行到底怎样呢？"

四岳继续推荐说："他是瞽叟的儿子，其父心术不正，其母奸诈刻薄，其弟恃宠傲慢，处处刁难舜，而舜却能和他们和睦相处，以自己的孝行美德感化他们，将家务处理得十分妥善，使父亲、弟弟的恶行及时

千佛山"尧帝访贤"石雕像

得到纠正和弥补，不至于酿成大错、流于奸邪。"

听了四岳的介绍后，尧也觉得舜可堪大任，但他还是慎重地说："让我再考验考验舜吧！"

济南千佛山景区东门附近，有一组"尧帝访贤"石雕像，造型十分传神。尧帝轻装简从，拱手而立，身旁有一侍者，对面是拱手施礼的舜，尧、舜二人似乎在侃侃交谈。此组石雕像表达的就是尧听了四岳的推荐，亲自前往历山微服寻访，在田间遇到年轻的舜，对他进行考察的场景。

尧接受了四岳的推荐后，对舜进行了长时间的考察和考验。他不但把两个女儿娥皇、女英嫁给舜，考察他对家室的态度，还命九个儿子和舜一起工作，考察舜的能力。

看来，即便是在远古选贤、让贤的禅让时代，要确立一个接班人也绝非易事，也要慎重地选拔、精心地培养。值得称赞的是，四岳不仅不贪大位，而且能够慧眼识贤才，勇于让贤、荐贤，忠诚地实践了"天下为公"的时代要求，不愧是尧舜时代的贤良辅佐。尧舜时代的太平盛世，固然是尧舜孜孜求治的结果，然而四岳慧眼荐圣君也功不可没。

说到娥皇、女英嫁舜的这种姊妹同夫的情况，可看作群婚制的残余。在母系氏族社会实行族外群婚，甲氏族的一群兄弟出嫁到乙氏族，和乙氏族的一群姐妹互为婚姻。到了父系氏族社会，实行对偶婚，男女双方在一定时期内保持相对稳定的夫妻关系。女子出嫁到外氏族，群婚的因素有条件地保留在男子身上，男子可以妻妾成群，而女子只能拥有一个丈夫。不过，按照司马迁在《史记·五帝本纪》中叙述的世系，舜与娥皇、女英的辈分却差了许多。舜的世系是：

黄帝 → 昌意 → 颛顼 → 穷蝉 → 敬康 → 句望 → 桥牛 → 瞽叟 → 舜

娥皇、女英也是黄帝的后裔，她们的世系是：

黄帝 → 玄嚣（少昊）→ 蟜极 → 帝喾 → 放勋（尧）→ 娥皇、女英

娥皇、女英和舜的曾祖父句望一个辈分，用民间的话说是舜的老姑奶奶。如果不是司马迁弄错的话，这应该是同辈婚之前"乱婚"的残余。

第二章
历经考验的舜

一、舜耕历山——象耕鸟耘的故事

舜从平民变为尧的女婿，开始被看作尧的接班人培养，但他仍然过着和平民一样的生活。这是因为，在远古氏族时代，即便是五帝之一的尧本人也不高高在上的，既不脱离劳动，也不脱离民众。婚后的舜仍然躬耕于历山，更加勤奋努力，恭谨地爱民教民。

舜耕田的历山，就是今天济南的千佛山。在西汉以前，没有济南的称呼，当时被称作历下，即"历山之下"之意。春秋战国时期，济南已设历下邑，历山的称谓当早于春秋战国时期。因舜躬耕于历山，故历山又被称作舜山、舜耕山。《隋书·地理志》记载，齐郡历城"有舜山"。隋朝开皇年间，佛教在山东盛行，朝廷依山崖石壁镌刻了许多佛像，兴建千佛寺，因而得名千佛山。

最早记载舜耕历山的是《尚书·大禹谟》："帝初于历山，往于田。"其次是《墨子·尚贤》："古者舜耕历山，陶河濒，渔雷泽。"到西汉，司马迁《史记·五帝本纪》"舜耕历山，渔雷泽，陶河滨，作什器于寿丘，就时于负夏"的记载，在更大的范围里受到人们的关注。

就是这个传说中的"历山"，后世竟演变出八座。据《古今图书集成·山川典》第二十三卷《历山部》讲："天下称舜耕之历山有八，在山东者三，在山西者一，在浙江者三，在直隶者一。"如唐朝诗人张濯曾撰《舜庙》：

古都遗庙出河汾，万代千秋仰圣君。

蒲坂城边长逝水，苍梧野外不归云。

寥寥象设魂应在，寂寂虞篇德已闻。

向晚风吹庭下柏，犹疑琴曲韵南薰。

诗中的"河汾""蒲坂"均在今山西境内，张濯认为历山在山西。

山东的三处历山，第一处是济南的千佛山，古有舜祠，今济南所属的历城亦因历山而命名；第二处在山东鄄城北旧城东南，相传为舜耕处，山上有舜庙，山下有姚城，相传是舜所生之姚墟；第三处在"兖州府费县城西一百二十里"，相传为舜耕处，其旁有舜祠，东北有雷泽湖。

历代学者写过许多考证历山的篇章，其中北宋曾巩《齐州二堂记》讲得比较实际，且令人信服："盖《史记·五帝纪》谓：'舜耕历山，渔雷泽，陶河滨，作什器于寿丘，就时于负夏。'郑康成释：历山在河东，雷泽在济阴，负夏卫地。皇甫谧释：寿丘在鲁东门之北，河滨济阴，定陶西南陶丘亭是也。以予考之，耕稼陶渔，皆舜之初，宜同时，则其地不宜相远。二家所释雷泽、河滨、寿丘、负夏，皆在鲁卫之间，地相望，则历山不宜独在河东也。"

千佛山镌刻《齐州二堂记》的石璜

曾巩的意思是：耕稼陶渔是舜的早期生业，既然雷泽、河滨、寿丘、负夏都在鲁卫之间，历山也不会相去

很远。更不会像东汉郑玄（字康成）所说的，跑到山西去。既然舜是东夷之人，舜耕的历山就应该在古代的山东。

"舜耕历山"只是个传说，舜是东夷族的首领，受到山东人的普遍尊奉是很正常的，非要详细考证其准确地点，既是徒劳，又无必要。山东的这三座历山既然都有"舜耕"的传说，就同是山东舜耕文化的组成部分。

同样，舜是中华民族共同的人文道德始祖，得到全国人民的普遍尊奉也是正常的，山西、浙江、直隶的历山，都是中国舜耕文化的组成部分。由历山推衍到各地的舜庙（祠）、舜井、姚墟、雷泽、河滨，历代文人学士有关舜、舜庙（祠）、舜井的诗文，也都是大舜文化的组成部分，都反映了民众对大舜的崇敬和赞颂。

前面说到，舜的父亲瞽叟是个双目失明的人，还是个昏聩颠顸的老糊涂，继妻是个蛮不讲理的悍妇，舜同父异母的弟弟象好逸恶劳、游手好闲，他们整天合计着怎么虐待舜。舜在他们的刁难、打骂中长大，依然孝顺父母，但继母还是想方设法赶舜走，并最终将舜赶出了家门。

有家不能归的舜就到了历山妫水边搭个茅棚住下，开始烧荒垦地。开始阶段，舜以野果子充饥，日出而作，日落而息。后来，象耕鸟耘的奇事出现了。

有一天，舜在田间垦荒，疲倦了就在地头休息，忽然听见了"扑哧，扑哧"的鼻息声。他抬头一看，只见一只大象从对面山上一步一步走向历山，一直走到他垦荒的地方。大象用鼻子卷起一块巨大而尖利的石块，一下一下用力地刨地。大象力大无穷，一会儿就刨了一大片地。之后，大象天天到历山帮舜刨地。有了大象的帮助，耕地变多了。舜在

地里种满庄稼，很快杂草丛生，他又开始除草，忙不过来时，一群一群的小鸟飞来，蹦蹦跳跳地帮他啄去地里的杂草和害虫。这就是"舜耕历山，象耕鸟耘"的典故。

这个典故由来已久，虽然是传说，在古代典籍中却多次出现。东汉王充在《论衡·偶会》中曾把"舜葬苍梧，象为之耕。禹葬会稽，鸟为之佃"指责为"失事之实，虚妄之言"，可见汉代就已经流传此说。南朝梁武帝的长子萧统组织文人共同编选的、中国现存最早的一部诗文总集《文选》收录了西晋著名文学家、齐国临淄人左思的《吴都赋》，其中有"象耕鸟耘，此之自与"之句。唐朝人李善引《越绝书》解释说："舜死苍梧，象为之耕；禹葬会稽，鸟为之耘。"可见本来象耕鸟耘的传说是象为舜耕、鸟为禹耘，可舜当上天子后，把天下治理得井井有条，创造了政通人和的太平盛世，他的功德感动天地，天降祥瑞，百兽起舞，凤凰来翔，于是后人就把这一传说都放在舜身上了。唐朝诗人陆龟蒙《象耕鸟耘辩》称："世谓舜之在下也，田于历山，象为之耕，鸟为之耘。圣德感召也。"后来的《二十四孝》也奉行不替，把"象耕鸟耘"都放到舜身上，说"舜耕于历山，有象为之耕，鸟为之耘"。如果联系舜"百兽起舞，凤凰来翔"的传说，放到舜身上也是合情合理的。这些传说，当然是后人的附会，却蕴含着儒家文化孝感天地的基本精神，也表达了后人对这位人文始祖的崇拜和敬仰。

济南千佛山东北麓有一组"舜耕历山"石雕像，大舜手扶犁具，大象在舜右侧，似乎是在帮助舜用犁耕田，两位劳者在一侧辅助，脚下是收割的稻谷。舜的时代还没有犁具，创作者采用理想化的手法，形象地表达了"象耕"这一主题。

大舜

千佛山"舜耕历山"石雕像

千佛山"舜耕历山"画像

　　千佛山舜祠门前平台下面是一块直立的石壁，石壁上有"舜耕历山"画像。天空中飞鸟穿梭于白云之间，田地上一只大象用套绳拉犁前进，后面的舜右手扶犁，左手高举，样态挥洒自如。两旁对联写着："历下欣同尧日舜天，济南喜沐齐风鲁雨。"创作者用现代形象化的想象力表现了舜耕历山、象耕鸟耘的情景。

二、一年成聚，二年成邑，三年成都——万民所归的人格感召力

舜的圣德不仅感化了天地，而且感化了民众，被孔子称为"圣人之德化"，也就是我们所说的人格感召力。舜在各方面都表现出卓越的才干和高尚的人格力量，只要是他劳作的地方，便兴起礼让的风尚。

据《韩非子·难一》记载，历山的农人发生了纠纷，尧为了考验舜派他往耕历山，目的是处理、解决问题。舜不仅曾被分派到历山，还被分派到雷泽、河滨等好几个出现难题的地方。文中是这样记载的：

> 历山之农者侵畔，舜往耕焉，期年，甽亩正。河滨之渔者争坻，舜往渔焉，期年而让长。东夷之陶者器苦窳，舜往陶焉，期年而器牢。仲尼叹曰："耕、渔与陶，非舜官也，而舜往为之者，所以救败也。舜其信仁乎！乃躬藉处苦而民从之。故曰：圣人之德化乎！"

《史记·五帝本纪》记载的地名与《韩非子·难一》略有不同："舜耕历山，历山之人皆让畔；渔雷泽，雷泽上人皆让居；陶河滨，河滨器皆不苦窳。"为了便于叙述，我们以《史记》的地名为准。

历山的农人因互争地界而发生纠纷，舜接受尧的委派往耕历山，一年后，受到舜的德行的感召，历山一带的民众由争地界到不争地边，互相礼让，自觉地在地块与地块之间都让出一道墒沟。据说，农村地块与地块之间留墒沟的习惯，就是从舜开始的。

大舜

历山的纠纷解决后,雷泽的渔民又发生了争执。原来,雷泽中有一块块露出水面的小洲或小块高地,叫作坻。渔民们习惯在坻上居住,或是放线钓鱼,可人多坻少,便发生了争坻的纠纷。于是,尧又把舜派往雷泽。与在历山同样,舜一边劳动,一边解决问题。一年后,在舜的德行的感召下,雷泽的渔民纷纷开始让坻。

争坻的问题解决后,舜又被派往河滨制陶。这个河滨,《史记·五帝本纪》裴骃集解说在"济阴定陶西南陶丘亭",张守节正义说在"曹州滨河"[①],均在今山东境内,根据山东龙山文化中黑陶的出土范围,应在舜所处的济水之滨,或者是今山东境内的泗水之滨、瓠河之滨。

原来,那里制作出来的陶器粗劣而不能使用,人们叫苦连天。舜到河滨后,亲自参加制陶劳动,带动周围的人认真从事,精益求精,坚决杜绝粗制滥造的现象。他细心钻研,从制陶用的泥土、制作工艺、火候、陶窑之中找出问题,一一进行合理的改进。在舜的带领下,河滨一带烧制出的陶器不仅实用,而且造型优美、色泽光亮,民众再不为盆罐粗劣而叫苦。

因此,舜无论到哪里,问题都能得到解决,人们都愿意追随他。一年后,四面八方的民众都来到大舜这里居住;两年后,人聚为城;三年后,这里就成了大都市。这就是《史记·五帝本纪》说"成都"的典故,即"一年而所居成聚,二年成邑,三年成都"。

据《战国策·齐策四》记载,舜有雄陶、方回、续牙、伯阳、东不訾、秦不虚、灵甫七位患难与共、生死相随的朋友,称作舜七友。舜

[①] 史记三家注,即为《史记》作注释的有南朝宋裴骃的集解,唐朝司马贞的索隐,以及唐朝张守节的正义。

受父亲、继母虐待，生活异常艰难，七友常为他排忧解难。舜被派往雷泽，七友与舜同舟共济、排除万难，终于完成使命。从"舜七友"的传说中，也可看出舜的亲和力与感召力。

《太平御览》卷八十一《皇王部六·帝舜有虞氏》引用了《尸子》[①]称赞舜的话语："舜兼爱百姓，务利天下。其田也，荷彼耒耜，耕彼南亩，与四海俱有其利。其渔雷泽也，旱则为耕者凿渎，俭则为猎者表虎。故有光若日月，天下归之若父母……有虞之君天下也，使天下贡善；商周之君天下也，使天下贡财。"这段话的意思是：舜兼爱百姓，务利天下，在历山亲执耒耜耕田，与四海同利。在雷泽打鱼，遇到干旱，就帮助耕种的人开挖水渠以灌溉农田，因野兽害人则为狩猎的人指示老虎出没的时间和地点，所以舜"光若日月，天下归之若父母"。舜治理天下，让天下民众贡献善行；商周统治天下，让天下民众缴纳财物。

明朝嘉靖进士李先芳在《舜庙》称赞舜的"让畔""成都"说：

历山高枕瓠河隅，遗庙千秋壮版图。

土俗至今传让畔，居人犹自说成都。

李先芳是山东菏泽鄄城人，他说的历山当然是鄄城瓠子河畔的历山，而诗中"让畔""成都"所赞颂的舜耕文化精神，与济南历山的却是一致的。

由此我们可以体味出舜耕文化所蕴含的道德精神：孝悌、礼让、德化、爱民、劝善、利天下，还有更重要的一点就是万民所归的人格感

[①]《尸子》是战国时期道家思想家尸佼（约前390—前330）的著作。

召力。

尧得知这些情况后，赏给舜一件细葛布衣、一架琴和一群牛羊，还为他修筑了仓廪，以示褒奖。

三、《南风》奏舜琴，天心知舜孝

然而，当舜有了家室后，父亲瞽叟和弟弟象就迫不及待地想害死舜，占有他的财产，象更是想除掉哥哥来霸占两位漂亮的嫂嫂，舜时刻处在他们的阴谋和陷害之中。

（一）"鸟工"救危难

一天，瞽叟诱骗舜上仓廪顶上涂泥。舜爬上了房顶后，象便抽掉了梯子，瞽叟在下面放火，企图烧死他。舜早就知道他们不怀好意，早在上仓廪之前就请教了娥皇、女英，她们没有当面揭露公公、小叔子的阴谋，只是教舜"鸟工上廪"。这时，舜见火起，双手伸开，袖口中各弹出一个斗笠，从高高的仓廪上像降落伞一样落下，毫发未损，躲过了一场杀身之祸。

正如前述，远古的山东东夷族有着丰富的想象力，由舜的"鸟工"之法，我们不由得想起东夷族嫦娥奔月的故事，还有《墨子·鲁问》记载的春秋时期鲁班削竹木以为鹊而发明风筝的故事，把这些联系起来我们可以看出，东夷族很早就知道利用空气浮力，如果不是后来儒家"重实际，轻幻想""重道德，轻技艺"的价值观占了主导地位，山东说不定能成为宇宙飞船、飞机和降落伞的故乡。

(二)"龙工"与济南舜井

瞽叟和象一计不成,又生二计,让舜去挖井。不用说,这是一个陷阱。娥皇、女英又教舜"龙工入井"。井快挖成时,瞽叟和象迅速将一箩筐一箩筐的泥土往井里倒下去。于是,舜从预先开凿的通往别井的地道中逃了出去。

象以为阴谋得逞,舜必死无疑,于是提议论功行赏,他认为自己的功劳最大,便对父母说:"这主意是我想出来的,琴和两位嫂嫂归我,牛羊和仓廪给你们。"说完,他就跑进了舜的屋子,见两位嫂子不在,只有一架琴,就胡乱弹了起来。

正在这时候,舜走了进来。一时惊愕的象转脸恬不知耻地说:"我正在思念你呢!"经历如此遭遇的舜没有记恨,还友善地对弟弟说:"你我兄弟就应该情意深重。"

相传,舜因此而在济南舜井街掘出东、西两处甘泉,就叫舜井,也叫舜泉。乾隆《历城县志》卷第九《山水考四》载:"舜井在县东一百步,舜所穿之井也。""舜泉在舜祠东,一名舜井,双井并列。"

其实,舜泉在古文献中早有记载,泛称其在历山之下,故又称"历井"。

如北魏时期,地理学家郦道元(?—527)在《水经注》卷八《济水二》载:"城南对山,山上有舜祠,山下有大穴,

舜井

谓之舜井。……水上承东城历祠下泉，泉源竞发。其水北流径历城东，又北，引水为流杯池，州僚宾燕，公私多萃其上。"郦道元虽没讲清舜井的具体方位，但他说的"东城历祠下泉，泉源竞发"，其中应该有东西舜井。若此说确定，舜井还是西晋永嘉年间（307—313）济南郡治迁到历城后官僚贵族"曲水流觞"风俗的水源。

魏晋南北朝时期，济南流行"曲水流觞"的诗酒盛会。参与游乐的人们依次列坐在环曲的水溪旁，把酒装入觞杯中，置于托盘上，放在溪流上游的水面上，使之顺流漂下。觞杯漂至曲折拐弯处，往往会停住不动。酒杯停在谁的近前，谁就要将酒饮下，饮后还要作诗吟唱，或按约表演节目，完不成者便要受罚，这就叫"曲水流觞"或"流觞曲水"。远在北魏时期，士大夫就已在今济南市曲水亭街附近建立了曲水流杯池，"州僚宾宴，公私多萃其上"。流杯池中的水，就是从舜井流出来的水。

乾隆《历城县志》卷第九《山水考四》载："历水在县东门外十步，按《三齐记》云：'历水在历祠下，泉源竞发，与泺水同入鹊山湖。'"《三齐记》（即《齐地记》）的作者是东晋十六国南燕人晏谟（约375—435），他虽提到"历水在历祠下"，但这个历祠是历山上的历祠，还是历城东的历祠，并没有交代清楚。

唐玄宗时徐坚编纂的《初学记》卷八"历井"条下引东晋末年郭缘生《续述征记》："历山有井无底，与城西南涌泉相通。"舜井无底之说固然不可信，但是泉眼较深，且与城西南的涌泉，亦即趵突泉水脉相通，倒是可能的。

唐代的文献中明确记载舜井在齐州城东，即今济南南门内的舜井街。封演《封氏闻见记》卷八记载："齐州城东，有孤石平地耸出，俗谓之历山；以北有泉号'舜井'。东隔小街，又有石井，汲之不绝，云'是舜东家之井'。"封演把齐州城东平地耸出的一块石头说成是历山，当然不准确，但却证明自唐代时即传说齐州城东有舜井了。这座舜井东隔小街又有"舜东家之井"，相距不远，呈东西布局。从"舜东家之井"的说法来看，唐朝人认为，这儿就是当年舜一家人生活的"家"。

唐、宋、金、元时期，舜泉喷涌不绝，不仅形成两处池潭，而且成为历水和历水陂（今大明湖的前身）、鹊山湖的源泉。据北宋齐州知州曾巩《齐州到任谒舜庙文》"维帝常垂阴施，惠此困穷，庶使遗民，永有依赖"的诗文可见，这两处舜井泉水常流、惠益民生、滋润万物，还助力舜成为当时保佑济南一方平安的尊神，受到济南百姓的祭祀和敬畏。其中，有一口舜井现在仍然保留在济南舜井街旁，并流传着各种美妙的传说。

唐肃宗乾元年间（758—760）魏炎的三首舜井题诗，把两处相通的舜井、舜井周围的生态以及舜一家人的生活，描绘得十分形象，与上述张守节的正义非常吻合。

第一首曰：

> 齐州城东舜子郡，邑人虽移井不改。
> 时闻汹汹动绿波，犹谓重华井中在。

意思是：齐州城东有城，因大舜当年曾居住在此，因此被称作舜子郡，亦即舜城，这也是我们称济南为舜城的依据。由于魏炎作此诗时，正值安史之乱，人们为躲避战乱而纷纷逃离，所以他说"邑人虽移井不

舜井街舜井旁镌刻魏炎的《舜井题诗》

改"。后两句诗意明确：舜井经常水涌，涌时汹汹有声，绿波翻滚，民间将水涌解释成舜仍在井中。

第二首曰：

西家今为定戒寺，东家今为练戒寺。

一边井中投一瓶，两井相摇响泙㵲。

当时，两座舜井被分别圈在定戒寺、练戒寺之内，而两井在地下却是相通的。这是因为舜在井下为躲避瞽叟和象的陷害，穿孔从旁井出。所以"一边井中投一瓶"，另一口井也有回应声。"两井相摇响泙㵲"，即两井互相呼应，响起水声。

魏炎是中唐文人，从他的诗中，我们可以知道那时民间已经流传着许多与舜有关的故事，这些故事不会出于一人一时的杜撰。比如"东家之井"的说法，显然是有根据的。唐末五代敦煌变文《舜子变》说，舜子淘井，瞽叟正要落井下石，"帝释变作一黄龙，引舜通穴往东家井出"。这个故事至迟在北魏时期已经成熟并流行开来，因为北魏墓室壁画中就有"舜从东家井中出去时"的榜题，受佛教文化的影响，演变为济危解困的护法神帝释在舜最危急的时候出现化身救了舜。

第三首曰：

济南郡里多沮洳，娥皇女英汲井处。
窃向池中潜冊来，浇茆畦上平流去。

意思是：齐州城东的舜子郡曾是济南郡治所在，地多泥沼，娥皇、女英当初汲水于此。由此可知，唐代人认为，舜和瞽叟、继母、象以及娥皇、女英就生活在舜子郡，也就是现在济南南门内的舜井街。后两句诗是说，东、西舜井一带地势低洼，水积聚成池潭，池中的水沿着地下渠流出后，顺着遍布水草的河溪流去。可见，东、西舜井流出的水，先是形成池潭，再从池潭中涌出，形成一条溪流，这条溪流就是历水。

唐朝的济南呈东、西双子城的格局，两城以古历水为界。历水从舜井及周围的鉴泉、杜康泉等流出，经今舜井街到今珍珠泉、曲水亭街、百花洲，再向西北流入沟渎相通的历水陂、鹊山湖。

（三）舜歌《南风》——济南千佛山南风亭的由来

前面讲到，象跑到舜的屋里胡乱弹琴。其实，象这样的顽劣之人根本不懂舜弹琴的用意，更不懂舜弹琴以歌《南风》的真谛。

《礼记·乐记》载："昔者舜作五弦之琴，以歌《南风》。"郑玄注释说："南风，长养之风也，言父母之长养己也。其辞未闻也。"

由此可知，《南风》是舜创作的颂赞父母长养之恩的歌。《南风》又称"南薰"，王维《大同殿柱产玉芝龙池上有庆云神光照殿百官共睹圣恩便赐宴乐敢书即事》："陌上尧樽倾北斗，楼前舜乐动南薰。"舜祠被列为历城"十六景"之一，名曰"松韵南薰"。据《孔子家语·辩乐解》记载，《南风》的歌词是：

南风之熏兮，可以解吾民之愠兮。
南风之时兮，可以阜吾民之财兮。

千佛山南风亭

大意是：多么温和的南风啊，可以解除我们百姓心中的忧愁。多么及时的南风啊，可以增加我们百姓的财富。

济南千佛山南坡的南风亭就是以此为背景修建的。南风亭为六角攒尖式仿古建筑，匾额由当代著名书法家吴泽浩先生题写，亭内有《南风歌》石刻浮雕，周围衬大舜带领民众欢快劳作耕种的浅浮雕的石刻岩画，在以"南风"来感恩父母的同时，还用来称颂舜对百姓的体恤之情和煦育之功。

（四）不孝有三，无后为大——婚事引起的风波

前面讲过，舜的父母不喜欢舜，还百般加害于他。按说，处理不好与父母、弟弟的关系，责任不在舜，可舜不这样想，他不仅感到愧疚，还一直处在得不到父母喜欢的忧愁和苦恼当中。尧把两个女儿嫁给他，舜"不足以解忧"；天下之士一齐拥戴他，舜"不足以解忧"；甚至是后来尧把帝位让给他，舜还是"如穷人无所归"，而"不足以解忧"。得不到父母的喜欢，成了舜的心结，天大的喜事、好事也冲淡不了这种忧愁和苦恼。《孟子·万章上》讲："大孝终身慕父母。五十而慕者，予于大舜见之矣。"意思是：大孝是终身依恋父母的，到了五十岁还依恋父母的，我在伟大的舜身上见到了。像舜这样，真可以称得上是具有高水平、高难度、高境界的孝行了。

其实，按照后来儒家的孝道衡量，舜不算是完美无缺的大孝子，在婚姻问题上他违背了孟子所提倡的婚姻必告父母的"父母之命"。

前面讲过，尧为了考验舜，把娥皇、女英嫁给了舜，当时说是"以观其内"，实际上就是让二女到舜身边做"卧底"。当然，这个卧底不是窥探舜的隐私，而是观察舜的德行。尧在没有舜的父母参加的情况

下，在妫河为他们举行了隆重的婚礼。舜把媳妇带回家后，父母、弟弟大吃一惊。面对尧的女儿，舜的父母当然是敢怒而不敢言。

婚后，舜告诫娥皇、女英，要与全家和睦相处。两位妻子也"恭勤妇道"，对舜一家老小一直侍候得很周到。对公公、小叔子的种种阴谋，她们看破不说破。因为如果她俩说破公公和小叔子的阴谋，便有破坏家庭和谐的嫌疑。再者，她们的一举一动，都事关"母仪天下"的示范教化意义，因此二女处处小心谨慎，事事把握分寸。她们用自己的智慧和宽容，不但成全了舜的名声，而且巧妙地化解了家庭危机。二位嫂嫂的宽宏大度和深明事理，深深地触动了妹妹敤手，姑嫂之间越来越亲密。

西汉刘向在《列女传》里将娥皇、女英列入"母仪传"第一，称她俩"德纯而行笃"，甚至引《诗经》里"不显惟德，百辟其刑之"来大加赞赏。"不显惟德，百辟其刑之"的意思是：弘扬那高尚的品德吧，诸侯们都来效法！可见刘向对娥皇、女英的评价之高。

可是，近两千年后，孟子在确立儒家孝的道德规范时，舜的婚事却引起了风波，这事还得从远古婚姻的演变说起。

在原始社会时期，男女自由谈婚论嫁，没有父母之命，也没有媒妁之言，《列子·汤问》称之为"男女杂游，不媒不聘"。从西周开始，推行父母之命、媒妁之言等古代婚姻新风尚。然而，自由谈婚论嫁的氏族遗风到春秋时期仍然大量存在。

据《左传》记载，春秋时期，鲁庄公见党氏之女孟任貌美，承诺立她为夫人，二人割臂盟誓，遂成夫妻。鲁国泉丘有一女子，梦到用她的帷幕覆盖了孟氏的祖庙，就约着同伴一起投奔孟僖子，三人在清丘的土地神庙里盟誓说："有子，无相弃也！"

从这两件事来看，"盟誓"是男女自由择偶的一种形式。《上邪》词云："上邪，我欲与君相知。长命无绝衰。山无陵，江水为竭，冬雷震震夏雨雪，天地合，乃敢与君绝！"反映的正是远古这种自由择偶风俗。

随着婚姻方面的移风易俗，父母之命、媒妁之言逐渐占了主导地位，无父母之命的嫁娶开始受到社会舆论的指责。《诗经·齐风·南山》讲：

> 取妻如之何？必告父母。
> ……
> 取妻如之何？匪媒不得。

春秋时期的孔子、战国时期的孟子等儒学思想家也开始顺应社会风俗进步的新潮流而全力进行礼俗方面的精神文明建设。孟子强调婚姻必须听命于父母的孝道，在《孟子·滕文公下》中大声疾呼："不待父母之命、媒妁之言，钻穴隙相窥，逾墙相从，则父母国人皆贱之。"

由此定性，问题就来了，既然婚姻必须听父母之命，那么舜"不告而娶"，还算是孝子圣君吗？

"孟子道性善，言必称尧舜。"舜是孟子心目中的人格偶像，他坚决不能让舜背上不孝的名声。孟子为舜辩护说："不孝有三[1]，无后为大。舜不告而娶，为无后也，君子以为犹告也。"意思是：舜没有禀告

---

[1] 东汉赵岐解释孟子的"不孝有三"说："阿意曲从，陷亲不义，一也；家贫亲老，不为禄仕，二也；不娶无子，绝先祖祀，三也。三者之中，无后为大。"

父母就娶妻，为的就是繁衍后代。所以君子认为他虽然没有禀告，但实际上和禀告了一样。

孟子提出这样的观点是符合当时社会发展需要的。如果我们站在历史的角度去分析，舜所处的时代是父系氏族公社时期，那时根本就没有父母之命、媒妁之言这一说，怎么能让父系氏族公社时代的舜向后穿越1000年，遵守西周以后的礼教和孝道呢？

（五）舜的《思亲操》——济南千佛山思亲亭的由来

中国先民为了强调孝道的深远意义，总是把孝道追溯到很遥远的远古时代。从孟子"言必称尧舜"开始，到元朝郭居敬编的《二十四孝》，都尊奉舜为中国第一个大孝子。

据说，《思亲操》是舜专门创制的与孝有关的乐曲。东汉蔡邕《琴操》曰："舜耕于历山，思慕父母。见鸠与母俱飞鸣相哺食，益以感思，乃作歌。"南朝陈释智匠撰《古今乐录》曰："舜游历山，见鸟飞，思亲而作此歌。"南朝宋文学家谢庄《琴论》曰："舜作《思亲操》，孝之至也。"

舜虽然历经父母的责难，但是他时刻不忘父母的养育之恩。有一天，他看见一只母斑鸠带着一只小斑鸠在飞，那只母斑鸠不时捕捉飞虫来喂小斑鸠。舜被这一幕感动了。他是多么渴望得到父母的爱啊，于是情不自禁地唱起《思亲操》来：

陟彼历山兮崔嵬，

有鸟翔兮高飞。

瞻彼鸠兮徘徊，

河水洋洋兮清泠。

深谷鸟鸣兮嘤嘤,

设罥张置兮思我父母力耕。

日与月兮往如驰,

父母远兮吾当安归。

这首乐曲的大意是：登上那高高的历山，看到鸟儿在空中飞翔。目视着飞鸟啊，不禁来回走动。清爽寒冽的河水啊，奔腾向前。嘤嘤的鸟鸣声回荡深谷山涧，布设捕猎鸟兽的网，想起我的父母正在辛勤耕田。日月飞驰，乌飞兔走，父母遥远啊，有家难还！

中国的孝文化往往给动植物披上生命的灵光，赋以人的精神和道德秉性，通过对其精神价值的强化和高扬，来衬托、显示人的精神和伦理道德的高尚。这一中国人普遍存在的文化心理，就是从传说中的舜开始的，或者说是后人附会到舜身上的。在《思亲操》中，斑鸠成为母慈子孝的替代物、参照物，通过对斑鸠母子的讴歌，衬托了人间孝道的高尚。它与后来宣传的乌鸦反哺、羊羔跪乳等结合在一起，形成了这样一种道德判断：人不孝敬父母，禽兽不如。

据《后汉书·礼仪志》载，汉代百姓到了70岁，会被授予玉杖。这种玉杖也叫鸠杖，长九尺，顶端装饰有一只鸠鸟。鸠鸟为不噎之鸟，有祝老人不噎之意。后来，斑鸠构巢一直被认为是孝的祥瑞。南朝梁时，孝子司马皓在山林中的父母墓旁居住多年，豺狼绝迹，有两只斑鸠和他住在一起，人鸟亲密无间。由此来看，《思亲操》应该是后来"乌鸦反哺"等典故的滥觞。

大 舜

《礼记·礼运》记载了远古"孝"的起源和演变:"大道之行也,天下为公,选贤与能,讲信修睦。故人不独亲其亲,不独子其子,使老有所终,壮有所用,幼有所长……今大道既隐,天下为家,各亲其亲,各子其子。"在"天下为公"的氏族公社时期,老人、小孩归公社统一赡养、抚养,所以"人不独亲其亲,不独子其子";进入"天下为家"的阶级社会后,老人、小孩归自己负责,所以"各亲其亲,各子其子"。这是由氏族公社的群体孝文化意识向阶级社会家庭的个体孝文化意识演变的过程。

根据典籍记载的东夷族传说,远古东夷族的孝亲意识非常浓厚,舜就是其中最杰出的典范。与舜同时代的东夷族还有两位孝子,叫作少连、大连,是一母同胞。在《礼记·杂记》中,孔子说:"少连、大连善居丧,三日不怠,三月不解,期悲哀,三年忧,东夷之子也。"意思是:少连、大连善于为父母守丧,三天不吃不喝,三月之内朝夕祭奠从不懈怠,父母去世一周年内悲哀不能自已,在为父母服丧的三年期间一直处于忧愁之中,少连、大连被公认为东夷族的孝子。正因如此,少连受到孔子的高度称赞,在《论语·微子》中把他与柳下惠相提并论。如果以上故事成立,那么从东夷族的少连、大连、舜开始,就有孝的道德传统了,他们是中国历史上的第一批孝子。他们所处的父系氏族公社时期正是由"天下为公"向"天下为家"、氏族公社的群体孝文化意识向阶级社会家庭的个体孝文化意识过渡的时期。所以,中国远古的孝,作为子女对父母思念、感恩、赡养的一种自然亲情,一种父恶不恨、母辱不怨、弟害不咎的高尚品德,发端于东夷族的舜。对此,司马迁在《史记·五帝本纪》中也断言:"天下明德皆自虞帝始。"如果从孝的角度上看，舜作为中华民族的道德始祖，是当之无愧的。

南宋理学家陈普在《程朱之学四首》中写道：

舜君与尧民，万世作程式。
颜仁及曾孝，亦足立人极。

诗中的"程式"即楷模、标准、典型的意思。"人极"是达到人类最高境界的意思。诗中说，舜和他德化下的民众，是千秋万代的道德楷模；具备仁的品格的颜渊，以及具备孝的品格的曾参，也可以作为最高境界的"仁""孝"的道德榜样。

《历城县志》卷首《圣制》载有乾隆皇帝写的《谒舜庙作》，他对舜的孝行予以高度评价：

孝称千古独，德并有唐双。
历下仪刑近，城中庙貌庞。
春风余故井，云气护虚窗。
缅继百王后，钦瞻心旱降。

济南千佛山南坡、南风亭西北有一座思亲亭，就是以《思亲操》为背景修建的。该亭为上下两层结构：上层为观景平台，可供游客凭栏眺望遐思；下层有《思亲操》浮雕，展现了舜耕于历山高歌《思亲操》时看到斑鸠高飞、母子情深的景象。"思亲亭"三字匾额集自清代著名书法家何绍基的字。上层的楹联"热中号泣于旻天，孝思维则；诚意明命乎百姓，惇德允元"由山东大学教授吉发涵撰文、书法家荆向海书写。思亲亭吊顶与地面铺装采用了象征东夷文化的鸟图腾凤纹图案,与亭身、楹联、匾额浑然一体,格调鲜明地衬托了远古东夷族的孝文化。

第三章

摄政时期的舜

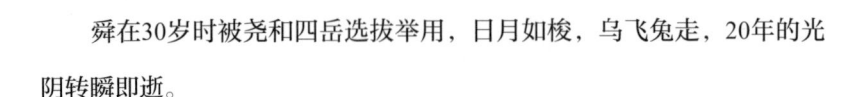

舜在30岁时被尧和四岳选拔举用，日月如梭，乌飞兔走，20年的光阴转瞬即逝。

一、白丁作天子

在接受考验期间，除奉尧的命令在各地从事生产、教化民众外，舜还接受了尧交办的种种政务，最终圆满完成了任务，令尧十分满意。《尚书·舜典》载："慎徽五典，五典克从。纳于百揆，百揆时叙。宾于四门，四门穆穆。纳于大麓，烈风雷雨弗迷。"意思是：尧让舜诚心诚意地推行德教，民众都恪守父义、母慈、兄友、弟恭、子孝之道；让他总理百官，百官都能承顺，所有政务都有条不紊地进行；让他在明堂的四门接待四方前来朝见的诸侯，诸侯们都能和睦相处。最后把他放到深山，让舜经受狂风雷雨的考验，舜在任何恶劣天气下也不迷失方向。

经过了20年的考验，尧认为舜的道德、智慧足以托付天下了，高兴地说："来吧，舜啊！你谋事周到，提的意见也都十分正确。经过多年的考验，你的确取得了出色的成绩，你现在可以登上天子的大位了。"舜觉得自己的德行尚差和资历尚浅，推让不愿意就位。

正月初一这天，他们举行了隆重的禅位典礼，尧自己避位，让舜接受了天子的大命，代行天子之事。按照当时的

舜题跋像

惯例，舜恭敬地举行了祭天大典，把继位之事报告给天帝，然后精心诚意地祭祀日、月和金、木、水、火、土五星（当时被称为"七政"），祭祀了天、地和春、夏、秋、冬四时（当时被称为"六宗"），祭祀了山川和群神。《尚书·舜典》将这描述为"禋于六宗，望于山川，遍于群神"。

按照柳下惠在《国语·鲁语上》中叙述的祭祀典章来看，古代的祭祀对象主要有祖先、先哲、品德高尚之人、山川、社稷、五行、日月星辰等，都与远古人类生活息息相关，其宗旨在于兴利除害、造福人类。祭祀社神、稷神、山川之神，是因为他们对民众有功德；祭祀日、月、星辰，是因为这三辰是供民众瞻仰的；祭祀金、木、水、火、土以促进生殖繁衍；祭祀名山川泽，是因为它们是产出财货用度的地方。不在这些类别中的，就不能入祀典。

可见在生产力低下的情况下，古代祭祀不光是巫术迷信，还是对险恶生存环境的抗争和征服，对远古人类生活的开拓，对造福人类的伟大人物的肯定和崇敬，对养育人类的日月星辰、社稷山川的感谢和希冀。

舜从一介平民直接当上天子，可以称得上是"一步登天"。唐朝诗人皮日休在《奉和鲁望读阴符经见寄》中称赞舜说：

舜唯一鳏民，冗冗作什器。

得之贼[①]帝尧，白丁作天子。

[①] 道教将命、物、时、功、神称为"五贼"。《阴符经》上："天有五贼，见之者昌。"张果注："反经合道之谋，其名有五，圣人禅之，乃谓之贼；天下赖之，则谓之德。故贼天之命，人知其天而不知其贼，黄帝所以代炎帝也。贼天之物，人知其天而不知其贼，帝尧所以代帝挚也。贼天之时，人知其天而不知其贼，帝舜所以代帝尧也。贼天之功，人知其天而不知其贼，大禹所以代帝舜也。贼天之神，人知其天而不知其贼，殷汤所以革夏命也。周武所以革殷命也。"

就这样，在舜50岁时，尧帝把天下大事托付给他。自此，舜总摄大权，统领百官，成就了一番轰轰烈烈的大事业。

二、八恺八元才，烨烨贤良辅——知人善任的舜

舜摄政后，以天下为公，兢兢业业，上承帝尧文德，下谋四岳庶民。当时尧已垂暮，又逢多事之秋，政局动荡，边患四起，内外交困，急需安定民生、拨乱反正，也急需能担重任的各种人才。而尧统治时期，民间隐匿着许多杰出人才没有得到任用。据《左传·文公十八年》记载，颛顼高阳氏有八位才子，分别是苍舒、隤敳、梼戭、大临、尨降、庭坚、仲容、叔达，他们豁达圣明，明察而诚信，百姓称赞他们为"八恺"。"恺"即和惠之意，"八恺"即八个和善的人。帝喾高辛氏也有八位德艺双馨的才子，分别是伯奋、仲堪、叔献、季仲、伯虎、仲熊、叔豹、季狸，他们忠诚正直、慈惠和善，天下之民称赞他们为"八元"。元，善也，"八元"即八个善良的人。这十六人的家族后裔世代保持着先人的美德，没有败坏先人的名声，到尧的时候，仍然没能举用。

颛顼高阳氏是黄帝之孙，帝喾高辛氏是黄帝的曾孙，二人都是上古部落联盟首领，"八恺"和"八元"可以说是世代贤达，知人善任的舜对他们早有耳闻，摄政后马上将他们从民间选拔出来，进一步考察后，人尽其才，才尽其用。他让"八恺"担任了掌管土地的地官，让"八元"担任了"布五教于四方"的官。"八恺"为了让民众用好土地、种好庄稼，认真颁行历法，使历法与自然的节律和谐无差，民众依历而行，生产、生活都合乎季节时令，风调雨顺，人民安宁。《左传·文公

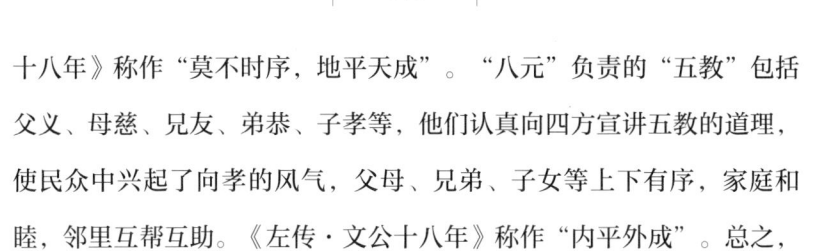

十八年》称作"莫不时序,地平天成"。"八元"负责的"五教"包括父义、母慈、兄友、弟恭、子孝等,他们认真向四方宣讲五教的道理,使民众中兴起了向孝的风气,父母、兄弟、子女等上下有序,家庭和睦,邻里互帮互助。《左传·文公十八年》称作"内平外成"。总之,凡是交给"八恺""八元"的政务,他们都处理得井井有条。

从舜一次任用十六人,而且都予以重要的政务来看,选举、任用"八恺""八元",应该是舜摄政后有意识地进行的一次大规模的人才选拔,它彻底改变了尧晚年因人才滞留而造成的人才缺乏的局面,也昭示了舜与贤人君子共治天下的决心和勇气,唤醒了民间贤士勇于承担天下之任的自觉意识和责任感。毕竟,在"天下为公"的时代,当官只有辛苦、义务和责任,没有特权和好处,民间像许由、巢父那样有才能而逃避当官的"高士"大有人在。这个问题,本书后面还要详细叙述。

三、放逐"四凶",威服天下

尧晚年的时候,之所以内外交困,还有一个重要原因,就是在他手下寄生着一批以"四凶"为代表的居功自傲、玩忽职守、欺上瞒下的人。"四凶"即共工、驩兜、三苗和鲧。由于当时内部洪水泛滥、外部三苗叛乱,即使想要清除这些内部的蛀虫,彻底整顿吏治,进入晚年的尧也已经力不从心。

(一)共工的兴亡

传说共工人面蛇身,赤发,身乘二龙,是东夷族的一个部落首领,以水为图腾,是古代的水神。

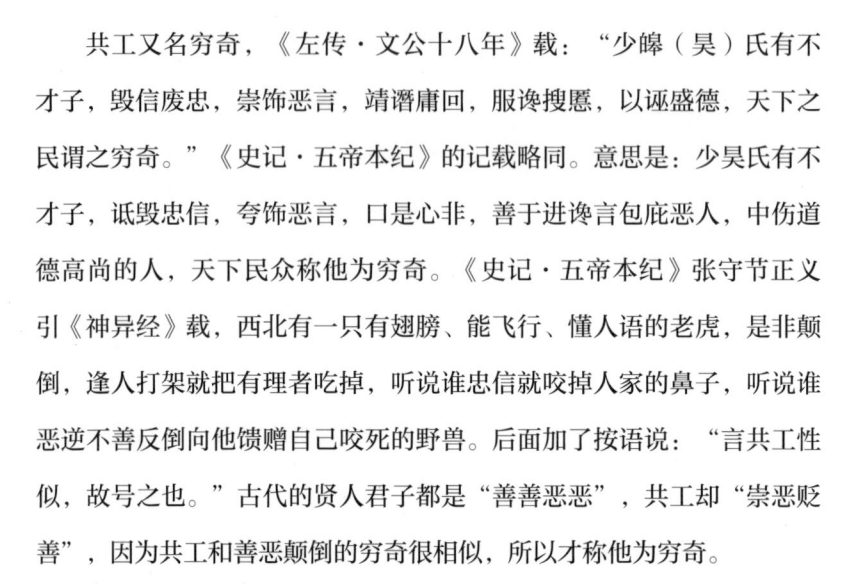

共工又名穷奇,《左传·文公十八年》载:"少皞(昊)氏有不才子,毁信废忠,崇饰恶言,靖谮庸回,服谗搜慝,以诬盛德,天下之民谓之穷奇。"《史记·五帝本纪》的记载略同。意思是:少昊氏有不才子,诋毁忠信,夸饰恶言,口是心非,善于进谗言包庇恶人,中伤道德高尚的人,天下民众称他为穷奇。《史记·五帝本纪》张守节正义引《神异经》载,西北有一只有翅膀、能飞行、懂人语的老虎,是非颠倒,逢人打架就把有理者吃掉,听说谁忠信就咬掉人家的鼻子,听说谁恶逆不善反倒向他馈赠自己咬死的野兽。后面加了按语说:"言共工性似,故号之也。"古代的贤人君子都是"善善恶恶",共工却"崇恶贬善",因为共工和善恶颠倒的穷奇很相似,所以才称他为穷奇。

共工怒触不周山是著名的上古神话传说,与女娲补天、羿射九日、嫦娥奔月并称中国古代著名的四大神话。

《淮南子·天文训》载:"昔者,共工与颛顼争为帝,怒而触不周之山,天柱折,地维绝。天倾西北,故日月星辰移焉;地不满东南,故水潦尘埃归焉。"意思是:从前共工与颛顼争夺帝位,共工失败后发怒,用头去撞不周山①,支撑天的柱子折了,系挂地的绳子断了。天向西北方向倾斜,所以日月星辰都朝西北方移动;地的东南角塌陷了,所以江河流水都朝东南方向流去。

《史记》司马贞补《三皇本纪》略有不同:"当其(指女娲)末年也,诸侯有共工氏,任智刑以强,霸而不王,以水承(乘)木。乃与祝融战,不胜而怒,乃头触不周山,崩,天柱折,地维缺。"意思是:女

---

① 不周山是神话传说中的山名,最早见于《山海经·大荒西经》:"西北海之外,大荒之隅,有山而不合,名曰不周。"王逸注《离骚》,高诱注《淮南子·原道训》,均认为不周山在昆仑山西北。

娲末年，共工凭借自己的智慧和武力变得十分强大，但他称霸天下却没被诸侯拥戴为王。共工乘船和祝融在水上开战，失败后发怒，用头去撞不周山，支撑天的柱子折了，系挂地的绳子断了。

与共工"争为帝"的人，诸书所记不一，除上述颛顼、祝融外，还有帝喾高辛、神农、女娲等说法。在尧舜之前，共工曾经有过一段称霸天下的辉煌历史，却始终没得到天下诸侯的拥戴，最后连续发动了与各诸侯的战争，结果是"天柱折，地维绝"。

共工氏作为一个历史悠久的部落，前期在治理水土、发展原始农业方面做出了很大贡献，他们很早就掌握了治理水土的方法，共工和儿子后土都是治理水土的能手。《国语·鲁语上》载："共工氏之伯九有也，其子曰后土，能平九土，故祀以为社。""社"是古代社稷之神中的社神，即土神。"稷"是谷神。"社稷"是主管土地、粮食两项重大经济命脉的尊神，古代帝王对社稷的祭祀十分重视，祭祀典礼非常隆重。"社稷无常奉，君臣无常位"，一旦无权祭祀社稷了，就意味着自己的江山被取代了。秦汉以后，朝廷的祭祀大典仍然祭祀社稷，民间的社神后土则遵照天阳地阴的观念，由男身变女身，被称为"后土娘娘"了。

共工氏治理水土的特点是"壅防百川，堕高堙庳"，即修筑堤坝，拦截堵塞。这种方法在水势微弱、天气干旱的情况下，对于蓄水灌溉来说非常有效。所以，在中国水利史上，筑堤蓄水，灌溉农业，是共工氏在治理水土、防旱抗旱方面的创造发明。然而，这种方法只能用于抗旱，不能用于防洪，尤其对治理来势汹涌的大洪水就更适得其反了。

经过残酷的帝位争夺战后，共工氏部落元气大伤，只好选择归附，做了诸侯。远古氏族部落首领的名字和氏族往往通称，如尧时射日的羿和后来取代夏朝太康天下的后羿都称羿，其实是指羿所在的那个氏族或部落。共工也是如此，到尧舜时人们还是这样称呼他的名字。当时，共工仍然是尧的臣子。按《国语·周语下》《尚书·尧典》《史记·五帝本纪》所载，尧舜时共工的罪状有二：

第一，用"壅防百川，堕高堙庳"即拦截堵塞的方法治水，结果水没治好，反倒成为祸害其他部落的罪魁。所以《淮南子·本经训》说："舜之时，共工振滔洪水，以薄空桑……民皆上丘陵，赴树木。"其实，不是共工发动的洪水，而是因为他治水的方法不当，导致了更大的水患。

《国语·周语下》指责的共工氏，还为后世保持水土、维护生态平衡提供了深刻的历史教训。

周灵王二十二年（前550），京师洛邑附近的谷水泛滥，与洛水汇合争流，水位暴涨，将要淹毁王宫。周灵王打算堵截谷水水流，太子晋劝谏说："不可以。我听说古代执政者，不毁坏山丘，不填平沼泽，不堵塞江河，不决开湖泊。山丘是土壤自然聚合而成的，沼泽是生物的生长地，江河是地气的宣导，湖泊是水流的汇集。天地演化，高处成为山丘，低处形成沼泽，开通出江河、谷地来宣导地气，蓄聚为湖泊、洼地来滋润生长。因此，土壤聚合不离散而生物有所归宿，地气不沉滞郁积而水流也不散乱。于是，百姓生有财用，死有所葬，既无夭折、疾病之忧，又无饥寒、匮乏之虑。所以，君民能互相团结，以备不测。古代圣君对此非常慎重。共工背弃此道，堵塞百川，坠毁山陵，填塞池泽，为害天下。皇天不赐福给他，百姓不帮助他，祸乱一起发作，共工因此而灭亡。"

太子晋认为，共工的败亡是不尊重自然、破坏自然生态环境导致

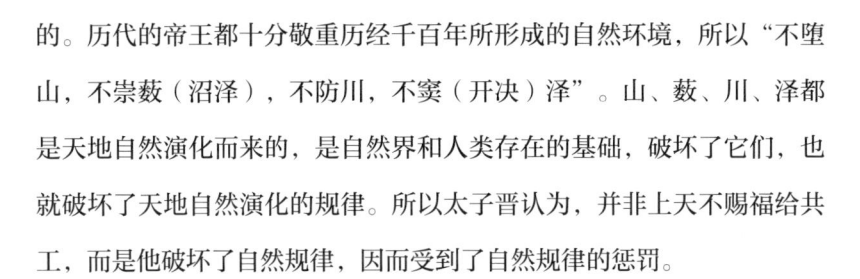

的。历代的帝王都十分敬重历经千百年所形成的自然环境，所以"不堕山，不崇薮（沼泽），不防川，不窦（开决）泽"。山、薮、川、泽都是天地自然演化而来的，是自然界和人类存在的基础，破坏了它们，也就破坏了天地自然演化的规律。所以太子晋认为，并非上天不赐福给共工，而是他破坏了自然规律，因而受到了自然规律的惩罚。

第二，以为尧年老可欺，放纵淫僻，胡作非为。

《史记·五帝本纪》除了提到共工"毁信废忠"外，还有尧晚年时征询继承人的记载。当时共工的同党驩兜提议说："共工广泛地聚集民众，做出了成绩，可以继承大位。"尧立即拒绝说："共工善于花言巧语，心术不正，貌似恭敬，欺骗上天，不能用。"尽管如此，尧还是让共工担任管理工匠的工师，共工果然心怀不满，放纵淫僻，胡作非为。

舜摄政后，请示了尧，果断地将他流放到幽州。《史记·五帝本纪》张守节正义引《神异经》云："西北荒有人焉，人面，朱髦，蛇身，人手足，而食五谷禽兽，顽愚，名曰共工。"据说，这描述的是共工被流放后的形象和德行。

（二）浑浑沌沌的驩兜

驩兜又名浑沌、浑敦，是尧舜的臣子，黄帝的后裔。《山海经》说驩兜是颛顼之子，又说是鲧的后代。袁珂《山海经校注·海内南经》引近人研究成果，认为驩兜即尧的不肖之子丹朱："驩头、驩兜及驩朱，皆丹朱一名之异称。"

《左传·文公十八年》载："昔帝鸿氏有不才子，掩义隐贼，好行凶德，丑类恶物。顽嚚不友，是与比周，天下之民谓之浑敦。"《史记·五帝本纪》写作浑沌，记载略同。西晋杜预注释《左传》，裴骃集解引东汉贾逵语都认为，帝鸿即黄帝，浑沌（敦）即骥兜。《左传·文公十八年》所载文献的大意是：从前帝鸿氏有个不才子，阴险狠毒而不义，愚蠢狂妄而奸诈，心不念德义，口不言忠信，专干坏事和凶恶之事，是典型的"丑类恶物"。人们把他比作最凶恶的野兽，称作浑沌。

民众既然痛恨骥兜，把他比作恶兽浑沌，那么这个恶兽具有什么形象呢？《史记·五帝本纪》张守节正义引《神异经》是这样描述的："昆仑西有兽焉，其状如犬，长毛，四足，似罴而无爪，有目而不见，行不开，有两耳而不闻，有人知性，有腹无五藏，有肠直而不旋，食径过。人有德行而往抵触之，有凶德则往依凭之。名浑沌。"这个发育不全、愚蠢无知的怪兽有四足而无爪，有目而不见，有耳而不闻，有腹而没心没肺，有肠而不拐弯，但有一条，是非颠倒得很彻底，顶撞好人，勾结坏人，一点也不含糊。

《庄子》还记载了一个冤大头似的、傻乎乎的浑沌。南海之帝叫作倏，北海之帝叫作忽，中央之帝是浑沌。倏、忽来到浑沌之地，浑沌招待得非常热情周到，倏、忽商量如何报答浑沌，说："人都有口、眼、耳、鼻等七窍，也好用来视听、吃饭和喘气，唯独浑沌没有，我们给他凿上七窍吧！"于是，倏和忽每天为浑沌开凿一窍，七天后，浑沌就死了。倏和忽真是够"倏忽"人命的。

故事讽刺了浑沌生理和思想的不健全。像这样一个没心没肺、没头没脑、没有视听的"半吊子"，再加上恶毒透顶的本性，只能浑浑沌沌地做尽坏事了。

骥兜除了本身罪恶滔天外，还和共工结成死党，为非作歹。在尧征求继承人的人选时，骥兜故意起哄，极力为共工脸上贴金，说共工广泛地聚集民众，做出了成绩，可以继承大位，极大地干扰了尧的用人部署，使尧不得已而任命心术不正、欺上瞒下的共工为工师，造成了很坏的影响。

舜巡狩四方归来，把驩兜的罪行向尧一一做了汇报，得到尧的批准后，果断地把他流放到崇山。崇山的具体位置已难以确考，一说在今湖北省，东汉经学家马融认为是南方边境之地。《史记·五帝本纪》张守节正义引《神异经》载："南方荒中有人焉，人面鸟喙而有翼，两手足扶翼而行，食海中鱼，为人很恶，不畏风雨禽兽，犯死乃休，名曰驩兜也。"据说这描述的就是流放到崇山的驩兜，他行凶作恶的本性变本加厉，达到近乎不死不休的疯狂程度了。

（三）贪食贪财的三苗

三苗，又叫苗民、有苗，炎帝缙云氏之后，姜姓，又名饕餮，居住在江淮、荆州一带。

《左传·文公十八年》云："缙云氏有不才子，贪于饮食，冒于货贿，侵欲崇侈，不可盈厌，聚敛积实，不知纪极，不分孤寡，不恤穷匮，天下之民以比三凶，谓之饕餮。"大意是：炎帝有不才子，是个贪得无厌的吃货，只认得钱财，放纵奢侈，欲壑难填，家中谷粟财物堆积如山，还在继续聚敛，不知到何时为止，对孤寡穷困者也一毛不拔。天下民众把他与共工、驩兜、鲧所代表的"三凶"并提，称他为"饕餮"。西晋杜预解释饕餮说："贪财为饕，贪食为餮。"

《山海经·北山经》记载的饕餮叫狍鸮，羊身人面，眼睛在腋下，虎齿人爪，声如婴儿，善吃人。

《史记·五帝本纪》张守节正义引《神异经》载："西南有人焉，

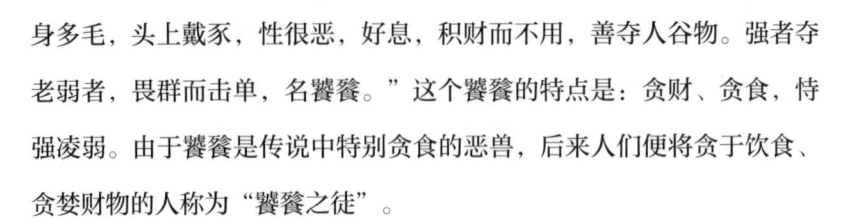

身多毛，头上戴豕，性很恶，好息，积财而不用，善夺人谷物。强者夺老弱者，畏群而击单，名饕餮。"这个饕餮的特点是：贪财、贪食，恃强凌弱。由于饕餮是传说中特别贪食的恶兽，后来人们便将贪于饮食、贪婪财物的人称为"饕餮之徒"。

饕餮多见于青铜器上，是一种常见的纹饰，这种纹饰不仅出现于三苗活动的长江下游地区的良渚文化玉器上，更常见于二里头夏文化以来的夏、商、周三代的青铜器上，如商代象形饕餮鼎、夔龙饕餮鼎等。《吕氏春秋·先识览》载："周鼎著饕餮，有首无身，食人未咽，害及其身，以言报更也。"饕餮的最大特点就是贪吃，传闻他能够吃尽天下万物，由于吃人咽不下去，反而害了他自己，导致他自己有头无身，只剩下一个大大的脑袋和一张大大的嘴巴，这是他得到的报应，实际上是被撑死了。也有说法称，因为他太能吃，把自己的身体也吃掉了。所以，青铜器上饕餮纹的图案只有头和一张大嘴，是吃货和贪欲的象征。唐代诗人杜甫《麂》诗云："衣冠兼盗贼，饕餮用斯须。"大意是：这些叛乱者都身居官位，同时又是一群盗贼，贪婪无比。

其实，三苗所属的部落是一个有着五千多年历史渊源的古老部落，存在于黄帝至尧、舜、禹时代。他们最早的始祖是东夷族的太昊伏羲氏，伏羲氏的后代分为九个支系，称作九夷，因音转

商代象形饕餮鼎

而成"九黎"。后来，蚩尤成为九黎的首领。这就是《史记·五帝本纪》张守节正义中讲的"九黎君号蚩尤"。

蚩尤居住的地区，正是东夷族少昊氏生活的以今天山东为中心的"东方之域"。《逸周书·尝麦解》有"命蚩尤于宇少昊，以临四方"的记载。"于宇"应为"宇于"，也就是命蚩尤居住在少昊的地方。后来，黄帝部落也来到中原，因为炎帝、蚩尤已经形成气候，只好居于中原偏北的山西、河北一带，黄帝后裔之国也多在这两个省份。

为了争夺生存空间，黄帝部落积极向东推进，与炎帝、蚩尤发生了激烈的军事冲突，有三种说法。按《史记》的说法，黄帝先大败炎帝于阪泉，又与蚩尤战于涿鹿，取得了在中原的统治地位。蚩尤部落战败后，一部分与黄帝部落融合，一部分迁居各地。其中有很大一部分被逼回东夷老家，据王献唐考证，山东邹县的邾国（曹姓），就是蚩尤的后裔。有一部分向南方迁徙，与南方苗蛮部落融合。苗族人民长期尊蚩尤为始祖，也反映了蚩尤部落南迁的事实。

尧舜时期，三苗是尧下属的诸侯，主要分布在洞庭湖（今湖南北部）和彭蠡湖（今江西鄱阳湖）之间，即长江中游以南一带。《战国策·魏策一》载："昔者，三苗之居，左彭蠡之波，右有洞庭之水，文山在其南，而衡山在其北。"《史记·五帝本纪》裴骃集解引吴起语曰："三苗之国，左洞庭而右彭蠡。"说的就是三苗的活动区域。

三苗活动的时间和范围，与屈家岭文化很吻合。屈家岭地区当时的社会发展水平毫不低于黄河流域，他们从事稻作农业，屈家岭遗址发现大量的稻谷、稻壳或用稻秆拌泥做的建筑材料，显示出当时粮食生产的总量相当大；制陶业也相当发达，达到了较高水平，大量不同规格的陶纺轮可以满足精纺、粗纺的不同需要；石器和玉器的制作工艺，也明显高于同期的黄河流域。中国最早的一批城堡就出现在屈家岭文化中。生机勃勃的江汉民族在长江中游崛起以后，开始向北拓展生存空间，这与传说的三苗叛乱正好吻合。

《史记·五帝本纪》载，尧晚年，"三苗在江淮、荆州数为乱"，不得不率军与三苗战于"丹水之浦"。《六韬》说："尧伐有苗于丹水之浦。"《吕氏春秋·恃君览·召类》称："尧战于丹水之浦以服南蛮。"丹水即今丹江，源于陕西商县（今陕西省商洛市商州区）西北，向东南流，流经陕西、河南、湖北三省。《尚书·吕刑》列举三苗的罪状说，三苗不敬神灵而作五刑，残害百姓，道德沦丧，背信弃义，反复背弃盟约。无辜受戮的百姓求告上天，上天因闻不到祭祀供品的馨香，只有滥用刑罚的一片血腥而震怒，所以尧哀怜人民的苦难，用武力遏绝"三苗之君"的暴虐，并使他永无后嗣。这虽然标榜伐三苗是替天行罚，却曲折地反映了三苗部落已发生了深刻的变革：社会分化正在加剧，传统观念、道德规范、习惯法已被抛弃，社会矛盾空前尖锐化，用于阶级镇压的刑法也已产生。三苗社会文明因素的成长进步已给黄河流域的华夏诸部落造成威胁。

尧舜禹与三苗进行的是一场长期而艰苦的战争，尧虽然赢得了丹水之战，暂时取得胜利，但三苗屡屡破坏和解盟约，致使双方兵连祸结，战争旷日持久。到舜摄政时，三苗再次发动叛乱。舜依靠高阳、高辛各部，联合伯益部打败三苗，一举将其放逐到三危（今甘肃省敦煌市）。[1]

---

[1] 到禹时，三苗不服，禹与三苗又进行了一场大战，从此三苗在历史记载中消失。

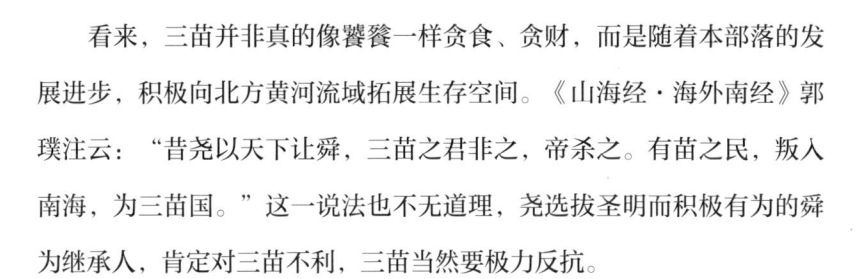

看来，三苗并非真的像饕餮一样贪食、贪财，而是随着本部落的发展进步，积极向北方黄河流域拓展生存空间。《山海经·海外南经》郭璞注云："昔尧以天下让舜，三苗之君非之，帝杀之。有苗之民，叛入南海，为三苗国。"这一说法也不无道理，尧选拔圣明而积极有为的舜为继承人，肯定对三苗不利，三苗当然要极力反抗。

（四）桀骜不驯的鲧

鲧是禹的父亲，和舜同是黄帝的后裔，可辈分差了许多。按照司马迁在《史记·五帝本纪》和该书《夏本纪》的叙述，舜和鲧、禹的世系是：

黄帝→昌意→颛顼→穷蝉→敬康→句望→桥牛→瞽叟→舜

黄帝→昌意→颛顼→鲧→禹

舜是黄帝的九世孙，而同时代的鲧却是黄帝的四世孙。按宗法关系，鲧是舜高祖父的父辈，穷蝉和鲧是兄弟俩，即便是个老哥哥，可老到多少岁才能使玄孙的儿子和自己的小弟弟同世共事？联系上述舜和娥皇、女英的世系，一代宗师司马迁也有疏忽！

鲧是颛顼的幼子，性情乖戾，尧说他"负命毁族"，即不听教训，喜欢诋毁善类。《左传·文公十八年》载："颛顼氏有不才子，不可教训，不知话言；告之则顽，舍之则嚚，傲很明德，以乱天常，天下之民谓之梼杌。"大意是：鲧四六不懂，好赖话不听，油盐不进。教训他，他就和你胡搅蛮缠；不教训他，他就肆无忌惮。正常的道德规范、生活规律，全被他搞乱了。这么来看，鲧应当是中国历史上第一个纨绔恶少。《史记·五帝本纪》张守节正义引《神异经》云："西方荒中有兽焉，其状如虎而大，毛长二尺，人面，虎足，猪口牙，尾长一丈八尺，搅乱荒中,名梼杌。一名傲狠,一名难训。"张守节还加了个按语:"言鲧性似,故号之也。"

现代辱骂、训斥那些道德败坏的人往往说"禽兽""禽兽不如",这一语言习惯大概从远古的尧舜时期就开始了。不过远古先人和飞禽走兽的关系更亲近,所以骂得更加具体、更加贴切。他们骂崇恶贬善的共工"穷奇",骂没心没肺的驩兜"浑沌",骂贪食贪财的三苗"饕餮",骂桀骜不驯的鲧"梼杌",我们远古先人的创造力真是伟大。

鲧乖悖违戾、桀骜不驯的性格,成了他的致命伤。他的最大罪恶是治水失败而引来的严重后果。

由于共工用"壅防百川,堕高堙庳"的方法治水失败,洪水冲破堤坝,直向东方奔腾而来,天下苍生被洪水吞噬,幸存者纷纷扶老携幼奔往丘陵高地,被洪水包围的百姓只好爬到树上、房上苟延残喘……

尧得到消息,赶忙召开部落联盟的议事会议,急忙征求四岳的意见说:"唉!四岳啊,你们看,浩浩荡荡的洪水漫天而来,天下民众在洪水中备受煎熬,有谁能治理这百年不遇的大水患?"四岳一致推荐了鲧。尧早就知道鲧不堪大用,马上拒绝说:"鲧不听教命,喜欢诋毁善类,不行!"四岳坚持说:"我们的意见和您不同,让鲧试试吧!"在四岳的坚持下,眼下又没有更合适的人选,尧才勉强同意。

在尧以前也发过洪水,但不足以酿成大害,可这次洪水空前绝后,采用以往任何治水措施都无济于事。鲧不思改革,也不采纳他人的有效方法,仍然使用共工式堵塞拦截的陈旧方法,结果,治水九年,不仅劳民伤财,而且越治水患越严重,浑浊呼啸的洪水吞没了房屋、庄稼,甚至淹没了山陵和高地,幸存者被洪水驱赶得流离失所,叫苦连天。

面对鲧的刚愎自用和玩忽职守,舜觉得如不严厉制裁,治水事业就将无法部署,水患永无止息,天下生灵将面临灭顶之灾。

鲧见治水无效,也觉得自己罪恶滔天,难辞其咎,干脆一不做二不休,秘密积蓄力量,图谋举行叛乱,割据自立。多亏了大禹及时改弦更张、偃旗息鼓,这场叛乱才没暴露于世。《淮南子·原道训》载:"昔者,夏鲧作三仞之城,诸侯背之,海外有狡心。禹知天下之叛也,乃坏城平池,散财物,焚甲兵,施之以德,海外宾伏,四夷纳职。"于是,舜请示了尧,果断地将鲧诛杀于羽山(一说在今山东郯城东北)。

舜惩治了"四凶",不仅大快人心,而且震惊了华夏诸方国。《尚书·舜典》中这样评价舜:"流共工于幽州,放驩兜于崇山,窜三苗于三危,殛鲧于羽山,四罪而天下咸服。"从此,舜的威望与日俱增,为他建立宏图大业铺平了道路。

传说舜的时代是父系氏族公社经济最繁荣、军事武力最强盛的时代,部落之间的血亲复仇已演变为争夺生存空间、掠夺土地人口的战争,等级制度、刑法等国家机器也已萌芽。舜相继战胜共工、驩兜、三苗、鲧等部落,实际是用军事武力和刑法手段进行的一次华夷文化大融汇。

在"人人平等、天下为公"的氏族社会,竟然大刀阔斧地使用刑法制裁四凶,实在是石破天惊的大事情。北宋思想家石介在《摄相》中,称赞舜放逐四凶的魄力,将他与孔子、周公相提并论:

惜无百里地封君,摄相区区道屡伸。

少正将身膏斧刃,侏儒流血污车轮。

方令鲁国知王法，自此齐侯畏圣人。

昔放四凶诛二叔，舜周功业殆同伦。

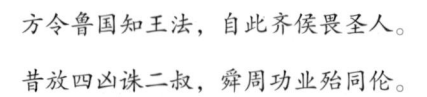

诗中"摄相区区道屡伸"是说摄政的宰相一次次伸张法制，牵扯到四个历史故事。

"少正将身膏斧刃"见于《史记·孔子世家》，说的是孔子65岁时以鲁国大司寇的身份行摄相事，诛杀了乱政的大夫少正卯。

"侏儒流血污车轮""自此齐侯畏圣人"见于《春秋穀梁传》和《史记·孔子世家》。说的是公元前500年，齐景公与鲁定公会于夹谷（一说在今山东省济南市莱芜区南）。景公想在会上劫持定公，先是安排东莱人上前奏莱乐，想趁乱劫持定公，被孔子喝退；又安排"优倡侏儒为戏而前"又被孔子严厉呵斥："匹夫而营惑诸侯者罪当诛！请命有司！"优倡侏儒被诛杀，手足异处。齐景公即齐侯，自此畏惧孔子。

"昔放四凶诛二叔"讲的是舜放逐"四凶"，周公诛杀二叔。西周武王死后，年幼的周成王继位，周公摄政。周公的亲弟弟管叔、蔡叔与商纣王的儿子武庚联合东方部落起兵反周，周公平灭了叛乱，诛杀了管叔和蔡叔。

总之，舜摄政后，励精图治、举贤任能、不惧权贵、执法如山，该任命的任命，该处罚的处罚，有效扭转了尧晚年政治的颓势，开始向政通人和、天下大治迈进。

第四章

远古发明创造的人格化代表

大 舜

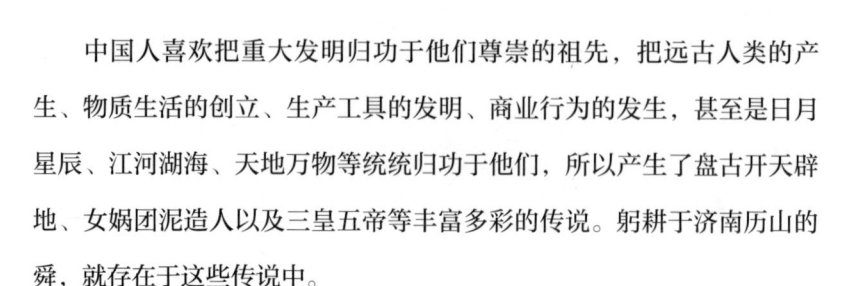

中国人喜欢把重大发明归功于他们尊崇的祖先，把远古人类的产生、物质生活的创立、生产工具的发明、商业行为的发生，甚至是日月星辰、江河湖海、天地万物等统统归功于他们，所以产生了盘古开天辟地、女娲团泥造人以及三皇五帝等丰富多彩的传说。躬耕于济南历山的舜，就存在于这些传说中。

三皇五帝时期文化创造空前勃发，有巢氏构木为巢，燧人氏钻木取火，伏羲氏发明渔网、原始畜牧业，神农氏耕而作陶，黄帝正名百物，这一时期是人类物质生活、精神生活的创立时期。舜紧步有巢氏、黄帝等领航者之后，为远古人类物质生活、精神生活的创立做出了重大贡献。

一、尧舜君民旧风俗，凡经几变到于今——舜作室、筑墙、茨屋

旧石器时代，人类"穴居而野处"，没有建造房屋的能力。《礼记·礼运》载："昔者先王未有宫室，冬则居营窟，夏则居橧巢。"当时的居住形式，主要有野处、穴居、巢居三种。野处和穴居是自然形成的，巢居是有巢氏发明的。有巢氏是步入华夏建筑文化之门的第一人。

《韩非子·五蠹》载："上古之世，人民少而禽兽众，人民不胜禽兽虫蛇。有圣人作，构木为巢，以避群害，而民悦之，使王天下，号之曰'有巢氏'。"

根据考古发现，远古气候寒冷干燥的北方，由穴居、半穴居上升为地面房屋；炎热潮湿的南方，由巢居、半巢居下降为地面建筑。

《易经·系辞下》说："上古穴居而野处，后世圣人易之以宫室，上栋下宇，以待风雨。"有巢氏构木为巢，黄帝造宫室，舜建筑房屋，清楚地勾画出远古人类定居生活演变的轨迹。

前面讲到，"舜耕历山，渔雷泽，陶河滨，作什器于寿丘，就时于负夏"，无论到哪里，人们都愿意追随他。四面八方的民众都来他这里居住，"一年而所居成聚，二年成邑，三年成都"。可来了这么多人，要让大家安居乐业，不是那么简单的事，首先要解决他们的居住问题。

前面我们还讲到东夷族有着"重技艺，尚德行"的文化传统，而且舜就是在对东夷文化传承的基础上才成就了轰轰烈烈的事业，其中"作室、筑墙、茨屋"就是其突出表现。

在"天下为公"的氏族社会，部落联盟的最高首领也不能脱离劳动，并且还得身先士卒，因此舜耕历山、渔雷泽、陶河滨，是属于亲身劳动。《礼记·礼运》云："力恶其不出于身也，不必为己。"大意是：大家都争着为氏族做贡献，唯恐力气不是自己出的，但又不是为自己，而是为公社。那时不仅劳动光荣，创造发明更光荣，有巢氏、燧人氏就是因为发明构木为巢与钻木取火，而被拥戴为天下之王的。

当时，远古人类正处在穴居和半穴居时期，还没有地面房屋。历山、雷泽、河滨一带少山而多平原，仅仅靠原来的山洞和地穴远远不能满足络绎而来的人们的需要。舜苦思冥想，终于想出了让大家离开山洞岩穴而在地面搭建房屋的办法。《淮南子·修务训》载："舜作室，筑墙茨屋，辟地树谷，令民皆知去岩穴，各有家室。"大意是：舜带领民众建造了房屋，修筑了土墙，用茅草、芦苇盖屋顶，开垦土地，种植谷物，使人们都知道离开野外洞穴，都有了房屋家室。

"筑墙"即用土筑墙垣，也称"版筑"。《孟子·告子下》载："傅说举于版筑之间。"傅说是个筑土墙的东夷族人，后来成为商王武丁的大臣。舜发明版筑后，东夷族世代传承这一技术和居住方式。

山东各地发现了许多龙山文化到岳石文化的城址和居址，正好与《淮南子·修务训》中记载的"舜作室，筑墙茨屋"相吻合。

龙山文化，泛指中国黄河中下游地区约新石器时代晚期的一类文化遗存，距今约4600—4000年，属于金石并用时代的文化，因1928年考古学家吴金鼎发现于济南历城龙山镇（今属济南市章丘区）而得名。

岳石文化是继山东龙山文化之后分布于海岱地区的一支考古学文化，因1959年发现于山东省平度市东岳石村而得名，大约距今4000—3500年，分布范围与龙山文化大致相同，属于城邦国家发展时期。龙山文化、岳石文化的年代正和传说中舜生活的年代相吻合。

山东邹平丁公城遗址发现有房址、陶窑、窖穴和墓葬，房址分为半地穴式和地面建筑两类：前者面积较小，一般不超过10平方米；后者面积较大，有的近50平方米。丁公城四周城垣比较规整，城墙宽约20米，现存高度1.5—2米。墙体外侧陡直，内侧较平缓，内外侧夯层均向城墙中心倾斜。城墙夯土比较坚硬，主要为五花土。陡直的城墙外边，应是用版筑的方法夯成的。城址的年代约在距今4600—4000年之间，基本包括了龙山文化的全过程。

济南城子崖遗址分属于龙山文化、岳石文化和周代三个城址。龙山文化城址的城墙夯土结构有两种：一种用石块夯筑，一种用单棍夯筑，反映出当时夯筑技术在不断改进。岳石文化城址城垣夯筑规整，厚8—

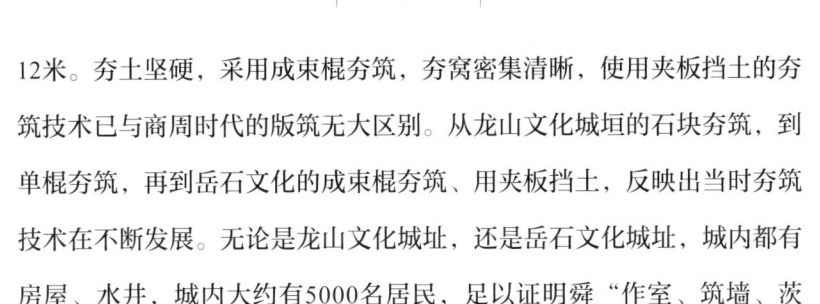

12米。夯土坚硬，采用成束棍夯筑，夯窝密集清晰，使用夹板挡土的夯筑技术已与商周时代的版筑无大区别。从龙山文化城垣的石块夯筑，到单棍夯筑，再到岳石文化的成束棍夯筑、用夹板挡土，反映出当时夯筑技术在不断发展。无论是龙山文化城址，还是岳石文化城址，城内都有房屋、水井，城内大约有5000名居民，足以证明舜"作室、筑墙、茨屋"的传说所言不虚。

二、舜与龙山黑陶

舜所在的东夷有虞氏部落为远古制陶工艺的改进、发展做出了很大贡献。

相传陶器的发明者是炎帝神农氏。他教民制作耒耜，播种五谷，辟地定居，创立了原始农业。农业生产需要定居的生活，定居又需要各种坛坛罐罐，因此在炎帝神农氏时代，人们就发明了制陶技术。《周书》说的"神农耕而作陶"，就指这一阶段的历史。从考古学的角度上说，中国在距今10000年到5000年的新石器时代早期就发明了陶器。陶器从陶质上区分，有红陶、灰陶、彩陶、白陶和黑陶；从工艺上区分，有手制、模制、慢轮、快轮；从纹饰上区分，有压印、拍印、刻划、彩绘、堆纹和镂孔；从陶窑结构区分，有横穴窑与竖穴窑。这些不同的类别，反映了远古制陶技术的不断进步。而与舜同时代的山东龙山文化中的黑陶，则代表了古代制陶技术的最高水平。

《史记·五帝本纪》所载的舜"陶河滨，河滨器皆不苦窳"，在先秦科技著作《考工记》《韩非子·难一》中均有相同记载，说明东夷族

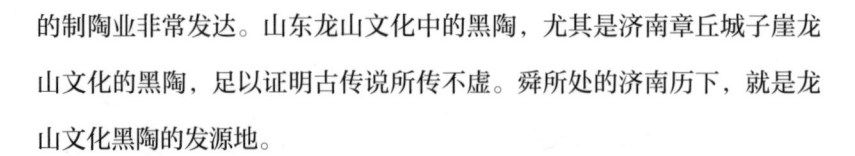

的制陶业非常发达。山东龙山文化中的黑陶,尤其是济南章丘城子崖龙山文化的黑陶,足以证明古传说所传不虚。舜所处的济南历下,就是龙山文化黑陶的发源地。

自从1928年吴金鼎在济南章丘城子崖发现黑陶后,龙山文化的黑陶以精湛的工艺、漆黑光亮的外形,震惊了整个世界。

城子崖龙山文化时期,制陶业从制陶技术、陶窑结构到经营管理,都发生了显著变化。在陶器制作中,人们已经利用快轮极速旋转的力量加上双手的配合,使陶坯器形规则、厚薄均匀、器壁变薄,生产效率也大大提高;陶窑的窑室进一步扩大,能烧制大型的陶器,或者一次烧制很多器物,火膛加深,火口缩小,温度可达到1000℃;同时,还掌握了高温下严密的封窑烟熏的渗碳工艺,从而制成表面呈现黑色光泽的黑色陶器。陶胎较薄,胎骨紧密,漆黑光亮,是龙山文化中黑陶的最重要的特征,有人总结黑陶"薄如纸,硬如瓷,声如磬,亮如漆"。龙山黑陶质感细腻润泽,有如珍珠般的柔雅,欣赏价值极高。

龙山黑陶分为细泥、泥质和夹砂三种,以细泥薄壁黑陶的制作水平最高,胎壁厚0.5—1毫米,表面磨光,乌黑发亮,朴素无华,薄如蛋壳,故称蛋壳陶。蛋壳黑陶是龙山文化最有代表性的陶器,反映了当时高度发达的制陶业水平。

龙山黑陶的纹饰一般比较简单,仅有少数弦纹、划纹或镂孔,而以磨光透亮的光泽作为器皿的主要装饰内容。它不以装饰取胜,而是以造型见长,其造型千姿百态,除了尖底瓶、罐、盆等外,还有碗、罐、瓮、豆、单耳杯、高柄杯、鬲、鼎等。龙山文化中鬼脸式鼎腿、圆环状鼎足最有特色,为其他文化所罕见。

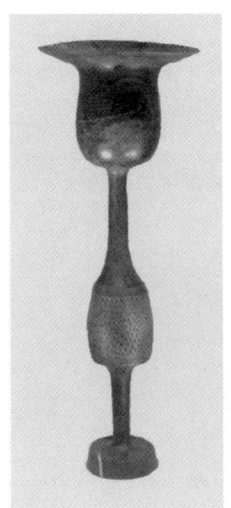

龙山黑陶

黑陶觯

黑陶双系壶

凡进入济南城子崖龙山文化博物馆，或者是山东博物馆、济南市博物馆，见到摆放得琳琅满目的龙山黑陶的人，无不为我们中华先人的非凡智慧、高超技艺和惊人的创造力所倾倒。传说中的舜"陶河滨，河滨器皆不苦窳"，不仅没有丝毫夸张，反而讲得不到位，并没把那个时代制陶业的高超水平反映出来。

陶器的发明，是人类社会发展史上一项重要的技术革命。它是人类最早运用人工来改变物质的性质，并塑造便于使用的物质形状的一项制造技术。陶器的发明、制作和应用，在人类饮食生活中有着极为重要的意义。在此之前，人们喝水只能直接把嘴探到水里喝，或者用双手捧水到嘴边喝；食物的加工也只能"火上燔肉""石上燔谷"，将兽肉直接放入火中烧，或将粟籽放到石片上焙炒。《礼记·礼运》载："夫礼之初，始诸饮食。其燔黍捭豚，污尊而抔饮。"但是，有了陶制器具后，人们再也不用"污尊而抔饮"了，而是像现代人一样端着杯子喝水，大概这更能具体形象地表现人类的文明进步了。有了火和陶器，就可以用煮、蒸、炖、煎、熬等烹饪方法，制作出带汤和调味品的食物，可以更加彻底地消毒、灭菌和杀死寄生虫，更加有利于人体的消化和吸收。陶制的贮存器便于谷物、水和液态食物的贮存，减少食物在贮存过程中因损耗和受污染而变质的可能。

当然，从神农氏发明陶器，到舜时龙山文化的高超制陶技艺，包括上述舜"作室、筑墙、茨屋"，下面将要叙述的发明乐曲和乐器，都不是他们个人的创造发明，而是那个时代中华先民集体智慧的结晶，舜仅仅是这些创造发明的人格化代表。

三、尽善尽美旧箫韶

中国人善于从自然界吸收美感，以自然界的某些现象为原型，进行艺术想象和加工，给生活以美的享受和高雅的情趣，同时又追求实用价值和审美价值的统一。远古音乐的发明创造充分证明这一美好的价值选择。

宋兆麟等编写的《中国原始社会史》运用大量民族志材料，指出原始音乐由声乐和器乐组成，声乐是为协调劳动时的动作和减轻疲劳而创作的劳动号子，后来才发展成娱乐的形式；而器乐则是出于狩猎需要，人们创造的诱捕飞禽走兽的拟声工具，再对其逐步改造、完善、发展成乐器。此说与《吕氏春秋·仲夏纪·古乐》中的传说材料是一致的。

《吕氏春秋·仲夏纪·古乐》对远古乐器、乐曲的由来做了详细而系统的记载："乐所由来者尚（久远）也……昔古朱襄氏（炎帝）之治天下也，多风而阳气畜积，万物散解，果实不成，故士达作为五弦瑟，以来阴气，以定群生。昔葛天氏之乐，三人操（挥动）牛尾投足以歌八阕：一曰载民，二曰玄鸟，三曰遂草木，四曰奋五谷，五曰敬天常，六曰建帝功，七曰依地德，八曰总禽兽之极。昔陶唐氏（尧）之始，阴多滞伏而湛积，水道壅塞，不行其原，民气郁瘀而滞著，筋骨瑟缩不达，故作为舞以宣导之。"

该篇接着说，黄帝命令臣子伶伦创作乐律，伶伦从大夏山之西、昆仑山之北的山谷中，选择中空而壁厚均匀的竹子，截取两个竹节之间的部分，长度为三寸九分，把发出来的音律作为黄钟律的宫音，作为

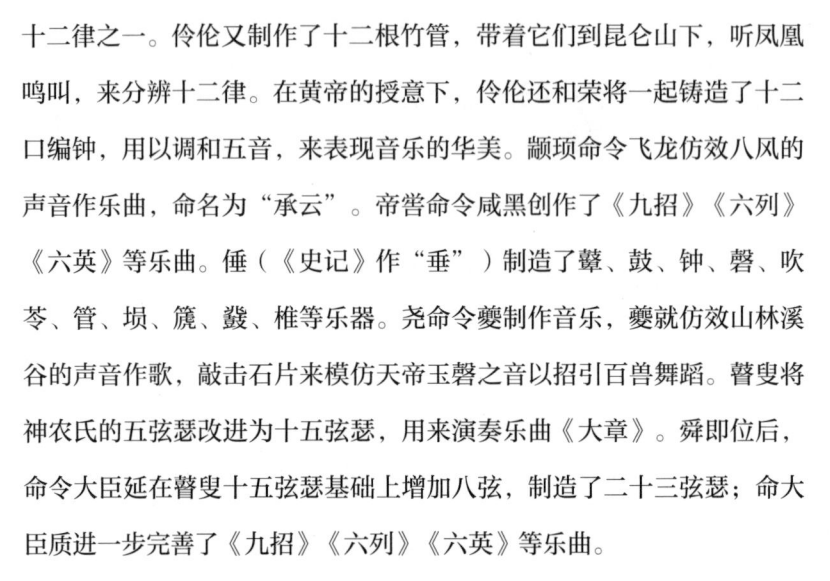

十二律之一。伶伦又制作了十二根竹管，带着它们到昆仑山下，听凤凰鸣叫，来分辨十二律。在黄帝的授意下，伶伦还和荣将一起铸造了十二口编钟，用以调和五音，来表现音乐的华美。颛顼命令飞龙仿效八风的声音作乐曲，命名为"承云"。帝喾命令咸黑创作了《九招》《六列》《六英》等乐曲。倕（《史记》作"垂"）制造了鼛、鼓、钟、磬、吹苓、管、埙、篪、鼗、椎等乐器。尧命令夔制作音乐，夔就仿效山林溪谷的声音作歌，敲击石片来模仿天帝玉磬之音以招引百兽舞蹈。瞽叟将神农氏的五弦瑟改进为十五弦瑟，用来演奏乐曲《大章》。舜即位后，命令大臣延在瞽叟十五弦瑟基础上增加八弦，制造了二十三弦瑟；命大臣质进一步完善了《九招》《六列》《六英》等乐曲。

在列了许多音乐和乐器的发明家，列出许多乐章的名称以后，《古乐》总结说："故乐之所由来者尚矣，非独为一世之所造也。"

从这些记载，可以看出：

其一，"乐之所由来者尚矣，非独为一世之所造也"。从葛天氏"三人操牛尾"，用脚打拍节，到复杂的乐器、乐曲，远古的音乐经过了一个相当漫长的、由简单到复杂的发展过程。

其二，女娲氏、朱襄氏、葛天氏、黄帝、颛顼、帝喾、尧、舜等都参与了乐器及乐曲的发明，还出现了士达、伶伦、荣将、毋句、飞龙、咸黑、倕、质、瞽叟等音乐家及乐器发明家，就像上述发明陶器、房屋一样，乐器及乐曲的发明并非出自一人之手，而是各个时代的远古先人集体智慧的结晶。

其三，音乐的起源并非为了满足统治者清歌妙舞的需求，而是为了生存、养生、保健，为了"来阴气，以定群生"，通过乐和舞结合来疏导"气郁瘀而滞著,筋骨瑟缩不达",有益身心健康。葛天氏"八阕"乐的"载民"即养育万民,"玄鸟"即歌颂春日,"遂草木"即歌咏草木,"奋五谷"即种植五谷,"敬天常"和"依地德"即遵循自然规律,"建帝功"即建功立业,"总禽兽之极"即掌握禽兽的生活规律。这些都与民众的生产和生活密切相关。

东夷族的音乐素来发达,太昊庖牺氏作三十五弦之瑟,玄女为黄帝作八十面夔牛鼓,少昊亲制琴瑟教颛顼弹唱,嫦娥的歌舞冠绝天下,舜的父亲瞽叟尽管昏庸糊涂,却是一位难得的乐师和乐器改革家。从《史记·五帝本纪》中"尧乃赐舜绨衣,与琴"的记载来看,舜本来就会弹琴。《礼记·乐记》载:"昔者舜作五弦之琴,以歌《南风》。"就连没心没肺的象,自以为害死哥哥后,也得意地弹起琴来。在东夷族人人能歌善舞的文化氛围中,大圣大智的舜在音乐方面的天赋和创造力自然不会比前代帝王逊色。

舜在位时,是远古音乐创作的成熟时期。舜命令乐师质对帝喾时的乐曲《九招》《六列》《六英》进行修正完善,并创制了《南风》《思亲操》《卿云歌》《箫韶》等新乐曲。

箫韶之乐是舜创造的尽善尽美的乐章,以至于能达到凤凰来翔、百兽起舞的程度。箫韶之乐直到春秋时期仍在包括济南在内的齐国流传,还让精通礼乐的孔夫子如醉如痴。《论语·述而》载:"子在齐闻《韶》,三月不知肉味。"《论语·八佾》载:"子谓《韶》,'尽美矣,又尽善也'。谓《武》,'尽美矣,未尽善也'。"宋元以来,济南大明湖就建有闻韶台、闻韶馆和闻韶驿,以纪念舜的韶乐和孔子对《韶》乐的崇拜,后逐渐坍废。2008年大明湖扩建时复修。逢天朗气清，站在北岸闻韶驿前的闻韶桥上，可见千佛山及其南面的螺丝顶、大佛头等清晰地倒映在小东湖的水面上。

东夷人喜欢饮酒歌舞，传说中东夷族的嫦娥善舞并非谬赞。《后汉书·东夷传》称："东夷率皆土著，喜饮酒歌舞。"1979年，山东莒县陵阳河大汶口文化墓葬出土了一件黑陶笛柄杯，柄圆中空，粗细厚薄均匀，杯高16.4厘米，柄高8.4厘米，柄径1.5厘米，柄壁厚0.3厘米。细柄中部饰两道节棱明显的竹节纹，柄部对侧各雕镂一个大小相同、不相对称的直径为0.8厘米的小孔，经过试吹与测音，证明柄孔的音响都有固定的音高，并能演奏简单的曲调。将杯横置，按堵柄部的一孔或底座的喇叭形孔，或者同时按堵这两孔，横吹陶杯柄部的另一镂孔，便可奏出四个不同音质的音阶，音响优美，音质明亮通透、清脆悦耳，与现代不贴膜竹笛声音相似，是迄今发现最早的横吹陶制管乐器。

春秋时期的莱夷（在今山东半岛），乐舞仍非常发达。齐国灭掉莱夷，原封不动地保留了莱乐。公元前500年，齐景公与鲁定公会于夹谷，齐景公安排莱人奏莱乐，试图借机劫持鲁定公，结果被孔子识破。由此可知，那时的莱乐不仅有音乐，应该还与武舞结合在一起，否则，劫持鲁定公的计划很难实现。

四、尧舜千钟，孔子百觚——舜与齐鲁饮酒之风

中国酿酒、饮酒的历史源远流长。《世本》载："仪狄始作酒醪，变五味，少康作秫酒。"传说大禹时的仪狄、夏朝的天子少康（杜康）是最早发明酒的人。

其实，仪狄、杜康都不是第一个发明酒的人。考古工作者在新石器时代的仰韶文化遗址中发掘出若干小型陶罐、陶杯，都是用来酿酒和饮酒的。这说明早在六七千年前的仰韶文化时期，我们的祖先就发明了酿酒术。

最原始的酒，是野生水果成熟后，自然界的微生物酵母菌自动分解其中的糖，产生酒精，使果子带有酒的气味。以采集和狩猎为生的原始人尝到这别有滋味的果子后，索性将野果采下来，发酵后再食用，这就是最原始的酒了，也就是传说中仪狄造的"旨酒"。国外学者研究证实，许多动物都喜食含酒精的果实，中国古籍中也有猿猴嗜酒的记载。

原始畜牧业产生后，有了兽乳，一时吃不完的兽乳，经酵母菌自然发酵成酒。人们也试着酿造，于是产生了乳酒。《周礼》提到"醴酪"，有的学者认为就是乳酒。

随着原始农业的发展，谷物或剩饭保存不善而发芽发霉，其中所含的淀粉自然转化成糖，就容易发酵了。这种发芽、发霉的谷粒，古代叫作曲蘖。《尚书·说命下》讲："若作酒醴，尔惟曲蘖。"后来，人们将其叫作酒曲、酒母，把它浸到水里就会发酵成酒。于是，人们利用曲蘖造出了谷酒，即传说中杜康造的"秫酒"。

东夷人不仅喜欢歌舞，而且喜欢饮酒，上述《后汉书·东夷传》中"东夷率皆土著，喜饮酒歌舞"就是证明。考古材料证明，《后汉书》记载的东夷族这一生活习俗所言不虚。山东泰安大汶口文化遗址中出土了许多高柄杯，是典型的饮酒器物。山东莒县陵阳河发掘的45座大汶口文化墓葬，随葬的高柄杯一类饮酒用具达663件之多。山东龙山文化遗址中发现尊、斝、盉、高脚杯、小壶等陶器，都是用来酿酒和饮酒的。这

龙山文化陶鬶

些酿酒、饮酒器具，真实地反映了远古东夷人好饮酒的生活特点。从时间上看，新石器时代与传说的舜生活的年代正好吻合。

出身于东夷族的舜，虽不是酿酒术的发明者①，却是引领远古饮酒风俗新潮流的"酒星"。刘向《列女传》记载，舜的糊涂父亲瞽叟和顽劣弟弟象再三设计陷害舜没有得逞后，又想出一个馊主意，假意设宴向舜赔罪，想用酒灌醉舜，然后趁醉杀死他。临行前，舜又请教了娥皇、女英，二女"乃与舜药浴汪"。结果，从早上一直到晚上，瞽叟和象不停地给舜灌酒，舜则来者不拒，终日不醉。上述鸟工、龙工的故事，再加上这次瞽叟和象灌酒的阴谋，舜经历的三次祸难，都在娥皇、女英的帮助下得以幸免。二女教给舜的"药浴汪"，应该是中国历史上最早的醒酒药，也应该是舜和娥皇、女英重大的发明创造。

其实，舜本身酒量就很大，根本不用借助"药浴汪"。《孔丛子·儒服》载："尧舜千钟，孔子百觚，子路嗑嗑，尚饮十榼。"大意

① 郝桂尧著《山东人的酒文化》（新华出版社2014年版）认为："山东人大舜和仪狄可能是中国酿酒的鼻祖。"

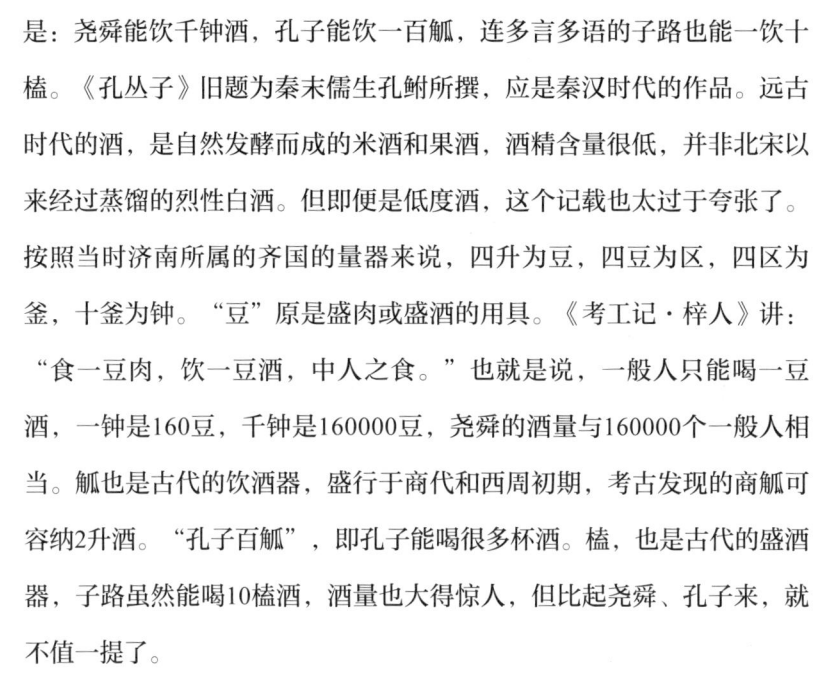

是：尧舜能饮千钟酒，孔子能饮一百觚，连多言多语的子路也能一饮十榼。《孔丛子》旧题为秦末儒生孔鲋所撰，应是秦汉时代的作品。远古时代的酒，是自然发酵而成的米酒和果酒，酒精含量很低，并非北宋以来经过蒸馏的烈性白酒。但即便是低度酒，这个记载也太过于夸张了。按照当时济南所属的齐国的量器来说，四升为豆，四豆为区，四区为釜，十釜为钟。"豆"原是盛肉或盛酒的用具。《考工记·梓人》讲："食一豆肉，饮一豆酒，中人之食。"也就是说，一般人只能喝一豆酒，一钟是160豆，千钟是160000豆，尧舜的酒量与160000个一般人相当。觚也是古代的饮酒器，盛行于商代和西周初期，考古发现的商觚可容纳2升酒。"孔子百觚"，即孔子能喝很多杯酒。榼，也是古代的盛酒器，子路虽然能喝10榼酒，酒量也大得惊人，但比起尧舜、孔子来，就不值一提了。

舜、孔子、子路以后，历代山东人中的豪饮者比比皆是。战国时期齐国的淳于髡能饮酒一石。两晋之际的泰山人羊曼、羊聃、胡毋辅之、高平人刘绥、张嶷，琅玡人王澄、王敦，金乡人郗鉴，冤句人卞壶等，均嗜酒豪饮。唐代"竹溪六逸"李白、孔巢父、韩准、裴政、张叔明、陶沔，曾在山东泰安徂徕山"日纵酒酣歌"。《水浒传》中的"大碗喝酒，大块吃肉"更是让人心生豪气，深感山东酒文化的酣畅淋漓。然而，与千钟不醉的舜相比，似乎是小巫见大巫了。

直到现在，山东人的饮酒礼仪，豪放善饮酒的个性，尤其是山东人的劝酒艺术，让外省人心生敬畏。岂不知，山东人独特的酒文化，创始于中华民族的人文始祖——舜。

第五章

尧舜吾君民，勋业垂万年

尧舜时代，是旧史家津津乐道的太平盛世，西周的"成康之治"、西汉的"文景之治"、唐朝的"贞观之治"和"开元盛世"，以及清代的"康乾之世"，都无法与它比肩，"尧舜"甚至成为中国仁义道德明君的代名词。宋人汪任在《游南山》中用"尧舜吾君民，勋业垂万年"来赞美它。毛泽东在《送瘟神》中也曾以"春风杨柳万千条，六亿神州尽舜尧"的诗句来描绘中华人民共和国成立以后的和平繁荣景象。

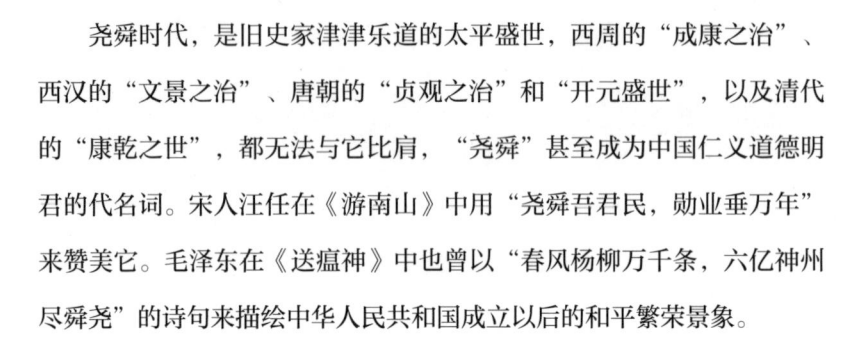

一、创法立制垂千古

五帝时期的古传说，已没有太多离奇荒诞的神味，而是半人半神，与现实拉近了距离。黄河流域以及周边各地林立着许多以城为中心的部落方国，形成一个个方国文化中心。中华五千年文明业已萌动，氏族间的血亲复仇已升级为以征服、掠夺为目的的战争，私有制不断加剧着阶级分化，各种国家机器呼之欲出，新的阶级社会已来敲门，仅仅依靠原始氏族民主制度来维系社会秩序已无能为力，时代要求创立一种防止社会混乱的强有力的新机制。

根据《尚书·舜典》和其他有关典籍的记载，舜确立的新制度有以下几点：

（一）五明扇和诽谤之木

舜在摄政以后，尤其是尧帝去世之后，办事更加谨慎，他不仅征聘贤人辅政，听言纳谏，而且坚持发挥氏族社会的民主机制，鼓励民众参政议政，以改正自己的过失。《尚书》说他"询于四岳，辟四门，明四目，达四聪"；西晋崔豹在《古今注·舆服》中说："五明扇，舜所作也。既受尧禅，广开视听，求贤人以自辅，故作五明扇焉。"意思是：舜掌政后，特地制作了五明扇，以表示广泛听取臣下和民众的意见。

舜创造发明的、表示广开言路的"五明扇"，在传承中逐渐演变为皇帝专用的一种仪仗。《古今注·舆服》还说："秦汉公卿士大夫皆得用之。魏晋非乘舆不得用。"

五明扇是两个长柄扇，由两个侍从像举旗帜一样打着竖立于身后，扇面张开，以示听言纳谏，或者表示广开求贤之门。也有的说，远古的扇子，本来悬挂在座位上方，用绳子牵荡摇动取风，舜将其改造成五明扇。到西周，五明扇成为贵族的仪仗，用来表示尊卑贵贱，出行时可遮尘纳凉，又称作障扇、仗扇。从障扇仪仗便知尊卑，"天子八扇，诸侯六扇，大夫四扇，士二扇"。直到秦汉时期，皇帝、公卿、大夫都可使用。到魏晋时期，五明扇始成为皇帝的专用，文武百官都不能享用这种仪仗了。

五明扇

舜还设置了"诽谤之木"，以表示王者纳谏。《淮南子·主术训》载："尧置敢谏之鼓，舜立诽谤之木。"《后汉书·杨震列传》载杨震语曰："臣闻尧舜之世，谏鼓谤木，立之于朝。"

由此可知，舜设置了"诽谤之木"，又称"谤木"，类似现在的"意见箱"。

那么，远古时代的诽谤木是什么样子呢？据《尚书·禹贡》和崔豹《古今注·问答释义》解释，"诽谤之木"即"今之华表木也"，是指在地上栽一个木桩，上面钉上一块横木，形状若花，形似橘槔。舜时，大禹带领民众治水，命人砍伐树木，留下树干，作为测量山川形势的标记，即"行山表木，定高山大川"。后来，人们在交通要道竖立木柱，作为识别道路的标志，称为华表木、桓表。表者，标也，就是标示道路的木柱，相当于现在的指路标。它的另一项功能就是让人们在木柱上刻写意见，因此又叫诽谤木。

"诽谤"在古代是指议论是非、指责过失，即现代的提意见，并不是指造谣污蔑、恶意中伤。如《汉书·贾山传》中有"（秦）退诽谤之人，杀直谏之士"的话，"退诽谤之人"就是指斥退提意见的人。所以，"诽谤木"类似现在的"意见箱"。据蒋良骐《东华录》卷一记载，清入关前的努尔哈赤时期，就曾于天命五年（1620）六月"树二木于门外，有欲诉者书而悬之木，览其颠末而按问焉"。这当是"诽谤木"的遗风。

北京天安门前有一对汉白玉雕刻的华表，笔直的柱身上雕刻着蟠龙流云纹饰，柱的上部横插着一块云形长石片，一头大一头小，似柱身直插云间，仍然保持了"以横木交柱头""形似橘槔"的基本形制，这就是由尧舜时代的"诽谤之木"演化而来的。

由舜的"五明扇"和"诽谤之木"可知，处在新旧制度交替前夜的舜，虽然懵懂地感觉到，随着各种社会矛盾的加剧，已不能用现存的原

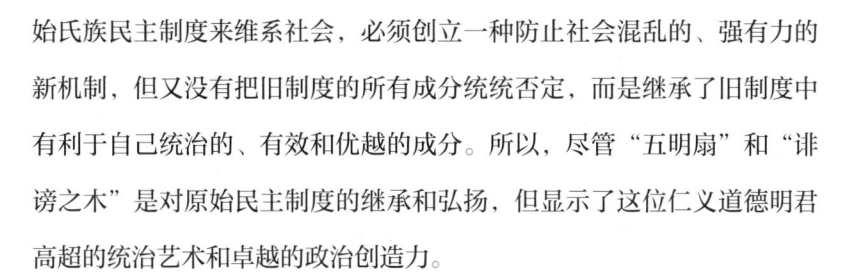

始氏族民主制度来维系社会，必须创立一种防止社会混乱的、强有力的新机制，但又没有把旧制度的所有成分统统否定，而是继承了旧制度中有利于自己统治的、有效和优越的成分。所以，尽管"五明扇"和"诽谤之木"是对原始民主制度的继承和弘扬，但显示了这位仁义道德明君高超的统治艺术和卓越的政治创造力。

（二）天子"五载一巡守，群后四朝"

"五载一巡守，群后四朝"，即天子每隔五年一巡守，四方诸侯分别在四岳汇报政绩。

据《尚书·舜典》记载，在舜代尧摄政的当年二月，就到东方进行了巡守，到泰山举行了祭祀典礼，对其余山川都根据其大小给予了不同的祭祀。在泰山，舜召见了包括东夷族在内的东方部落首领。东夷族的历法很发达，对日月出没的规律把握得非常准确。所以，舜和他们一起观察天象，使日月的记时更符合自然运行的实际。另外，他们还经过商讨，统一了律、度、量、衡，制定了公、侯、伯、子、男等礼节，规定了诸侯以红、黑、白三种颜色的丝织物作为朝见时的贡献，叫作三帛；卿大夫朝见时贡献活羊羔和雁，叫作二生（牲）；士贡献死野鸡，叫作一死，以表示士执干戈而卫社稷，死而不失其节。由此可以看出，舜对东方部落是非常倚重的。

当年五月，舜分别巡行视察了南岳衡山、西岳华山、北岳恒山，就像祭祀泰山一样分别进行了祭祀。

回来后，舜做出决定，每隔五年，天子都要巡行视察天下，四方诸侯分别在四岳朝见天子，汇报自己的政绩，即"五载一巡守，群后四朝"。同时，他又订立了车服奖励制度。天子要听取、考察四方诸侯的

千佛山《柴祭岱宗》图

政治得失，把车马衣服奖给有功的诸侯，叫作"敷奏以言，明试以功，车服以庸"。

虽为传说，但其中的确有可信的成分。如果传说不虚的话，舜所订立的这些礼制，几乎被西周全盘继承，奠定了西周等级礼制的基础。西周有天子"五载一巡守"的礼制，诸侯也必须定期朝聘天子。《礼记·王制》规定，诸侯要定期朝聘天子，贡献一定的方物。两年一小聘，派大夫去；三年一大聘，派卿去；五年一朝，诸侯国的国君要亲自去。后来，历代王朝都规定地方官要入朝向中央汇报政绩。

（三）父系氏族社会的新机制——刑法

刑法是国家机器的重要组成部分。舜所处的氏族时代是没有刑法的，维护社会秩序依靠的是氏族首领所拥有的崇高威望。然而舜又处在氏族时代的父系氏族公社时期，是无阶级社会到阶级社会、"天下为公"的大同社会到"天下为家"的小康社会的过渡时期，私有制的发展、阶级等级的出现、国家的产生是社会发展的必然趋势。能够敏锐地识别这一历史转折的趋势，敢于创法立制，改弦更张，顺应社会历史发展潮流，在史无前例的情况下，创造出一种维护社会秩序、维护自己统治的新机制，正是一个有雄才大略的"圣人""皇""帝"的政治素质。

据《尚书·舜典》记载，舜在器物上刻画着"五刑"的形状，以示儆戒，叫作象以典刑，可知舜时本来就有墨、劓、刖、宫、大辟等五刑。

墨，又称黥，在受刑者面上或额头刺字，并染上墨。

劓，割去受刑者的鼻子。

刖，夏称膑，周称刖，秦称斩趾，即斩掉受刑者左脚、右脚或双脚。有另一说称膑是去掉膝盖骨。

宫，又称淫刑、腐刑、蚕室刑，是割去受刑者的生殖器。

大辟，即死刑，分为戮、镬烹、车裂、枭首、弃市、绞、凌迟等。

五刑中除大辟为死刑，其余四种皆为伤残肢体的肉刑，反映了蒙昧时代的野蛮、残酷。舜用流放的刑法代替了五刑，以示宽大。官吏犯法用鞭刑。教化民众有不服从者，使用一种叫"槚楚"的木制器具笞打，叫作扑作教刑。犯了过错可以用金赎罪，类似我们今天的罚款。如果犯了小错，或者过错虽大，但属偶然初犯，可以赦免。罪大恶极又不知悔改者，则严惩不贷，叫作怙终贼刑。《尚书·舜典》中载"流共工于幽州，放驩兜于崇山，窜三苗于三危，殛鲧于羽山"，"流""放""窜"都是流刑，"殛"是对怙恶不悛者的"怙终贼刑"，也就是死刑。最后舜讲："钦哉！钦哉！惟刑之恤哉！"意思是：敬慎啊！敬慎啊！使用刑罚一定要慎重啊！这是远古历史上第一次减轻刑法和提出敬刑慎罚的告诫。

这样，在舜时中国远古的刑法体系已初具端倪。

二、九州禹迹忘安乐——夷夏联合治水

当时，舜面临的首要问题当然是彻底根除水患。

（一）多事之秋的尧

中国远古这场亘古未有的大水患发端于尧为天下王之时。尧是远古仁义道德明君，《史记·五帝本纪》说他"其仁如天，其知如神。就之如日，望之如云。富而不骄，贵而不舒"。尧在位期间，一直是多事之秋。据《淮南子·本经训》记载，先是天上"十日并出，焦禾稼，杀草木，而民无所食"，地下猰貐（吃人的怪兽）、凿齿（长有像凿子一样的长牙的怪兽）、九婴（有九个头的水火之怪）、大风（风伯，能摧毁人的屋舍）、封豨（大野猪）、修蛇（长蛇）等猛兽"皆为民害"，天下民众处在水深火热之中，尧派东夷族的首领羿"上射十日而下杀猰貐"等，才平息了这场大天灾。这段历史传说，实际是尧统治区内十个以太阳为图腾的部落，以及九个以猛兽为图腾的部落发动了叛乱，民众备受战乱之苦，尧依靠东夷部落首领羿等强大的军事力量才平息了这场叛乱。可好景不长，一场更大、更持久的洪水灾害又降落到天下苍生身上。

水患刚刚发生时，还不像后来那么严重，是由于尧手下的共工采用了"壅防百川，堕高堙庳"的错误治水方法，才酿成更大的水患。接

着，尧又任用了刚愎自用的鲧治水九年，不仅水患没减，反而贻误了治水的时机，滔滔洪水甚至包围了大山，冲上了陵冈，司马迁用"怀山襄陵"来形容当时洪水的浩大。那时的尧已近晚年，内外交困的形势使他感到力不从心，于是，他勇于让贤，把舜推上了历史舞台。

（二）大禹治水

受命于危难之际的舜，在这千年不遇的大洪水面前，为了整肃法纪，彻底根除玩忽职守的恶劣行为，有效布置治水事宜，果断地将鲧处以殛刑。他深知，这场旷日持久的大洪水依靠一人主持实在难以治理，决心动员夷、夏各方国部落携手并肩，共治水患。他慧眼识英才，大胆启用鲧的儿子禹，全面负责治水事宜，并以"女平水土，维是勉之"，鼓励他完成父亲的未竟事业。此外，皋陶、后稷、契以及四岳等，均奉命辅佐禹，参与治水事宜。

夷夏联合治水的方案，吸收了一大批夷夏治水专家，反映了舜这位天下圣君放眼天下的博大胸怀和卓越的组织、领导才能。

同样受命于危难之中的大禹并没因舜处罚了他的父亲就记恨在心，而是欣然接受了这一任务。他决心以自己的成功洗刷父辈的耻辱。当时，大禹刚刚结婚四天，他的妻子涂山氏是一位深明大义的女人，同意丈夫前去，大禹洒泪与自己的妻子告别，踏上了征程。

大禹带领着伯益、后稷和四岳等一批助手，跋山涉水，风餐露宿，走遍了当时中原大地的山山水水，穷乡僻壤和人迹罕至的地方都留下了他们的足迹。沿途，他们看到无数的人民都在洪水中挣扎，一次次在那些流离失所的人民面前流下了自己的同情泪。

据《史记·夏本纪》《韩非子·五蠹》记载，大禹总结了以前治

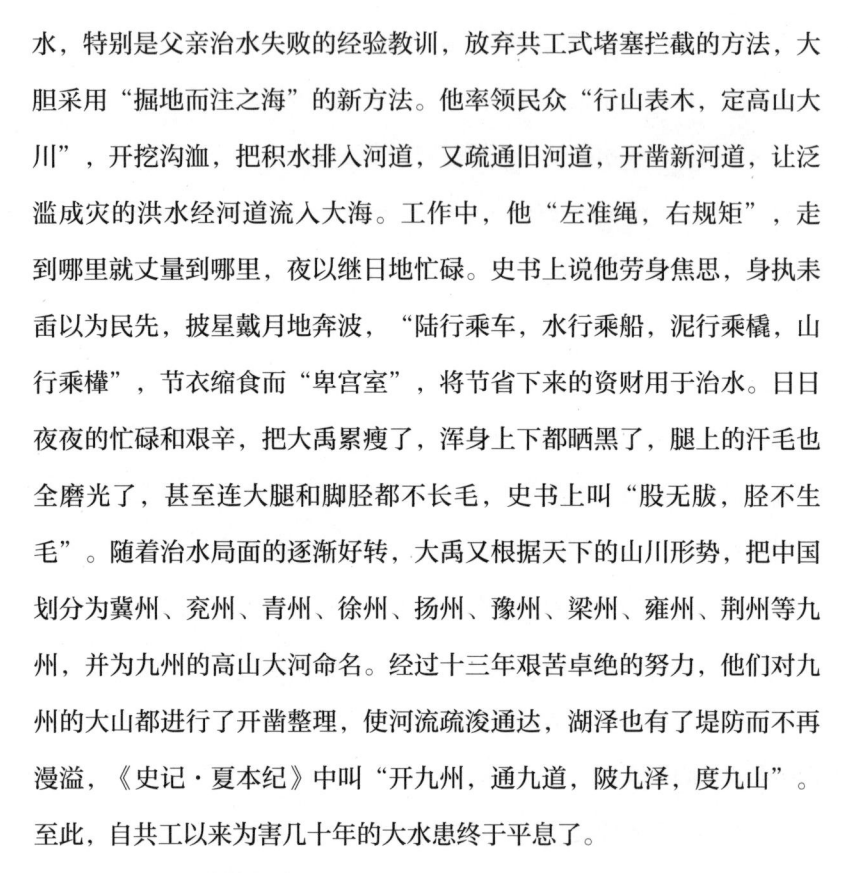

水，特别是父亲治水失败的经验教训，放弃共工式堵塞拦截的方法，大胆采用"掘地而注之海"的新方法。他率领民众"行山表木，定高山大川"，开挖沟洫，把积水排入河道，又疏通旧河道，开凿新河道，让泛滥成灾的洪水经河道流入大海。工作中，他"左准绳，右规矩"，走到哪里就丈量到哪里，夜以继日地忙碌。史书上说他劳身焦思，身执耒耜以为民先，披星戴月地奔波，"陆行乘车，水行乘船，泥行乘橇，山行乘檋"，节衣缩食而"卑宫室"，将节省下来的资财用于治水。日日夜夜的忙碌和艰辛，把大禹累瘦了，浑身上下都晒黑了，腿上的汗毛也全磨光了，甚至连大腿和脚胫都不长毛，史书上叫"股无胈，胫不生毛"。随着治水局面的逐渐好转，大禹又根据天下的山川形势，把中国划分为冀州、兖州、青州、徐州、扬州、豫州、梁州、雍州、荆州等九州，并为九州的高山大河命名。经过十三年艰苦卓绝的努力，他们对九州的大山都进行了开凿整理，使河流疏浚通达，湖泽也有了堤防而不再漫溢，《史记·夏本纪》中叫"开九州，通九道，陂九泽，度九山"。至此，自共工以来为害几十年的大水患终于平息了。

（三）禹凿龙门

在治水中，大禹展现了一个水土专家的高度智慧和非凡的创造力。

从大禹"左准绳，右规矩"可知远古治水中的科技含量，其中开凿龙门工程突出表现了这位治水专家的魄力和胆识。《吕氏春秋·爱类》《淮南子·本经训》都有记载，在大禹治水之前，"龙门未开，吕梁未发"，黄河堵塞，泛滥逆流。大禹将黄河水从甘肃的积石山引出，到吕梁山时，不料被龙门山挡住了。他察看了地形，一个大胆的想法跳入脑中：如果将龙门山凿开，被堵塞的洪水不就可以一泻千里了吗？于是，大禹果断地决定：开凿龙门山口！经过艰苦奋战，偌大的龙门山被开出一个约80步宽的口子，洪水冲出口子，奔腾而下，向东流去。这是中国古代"禹凿龙门"的传说。

龙门是黄河的咽喉，传说大禹开凿的龙门有两处。一处在陕西韩城与山西河津之间的龙门山，位于山西省河津市西北12公里的黄河峡谷出口处。此处毗邻两面大山，黄河夹中，河宽不足40米，河水奔腾，破"门"而出，场面十分壮观。另一处是洛阳南面的龙门山，又称伊阙。《水经注》说："伊水又北入伊阙，昔大禹疏以通水。两山相对，望之若阙，伊水历其间北流，故谓之伊阙矣。"《汉书·沟洫志》也说："昔大禹治水，山陵当路者毁之，故凿龙门，辟伊阙。"

由此可知，大禹凿龙门，不仅为黄河泄水入海所必需，而且功在千秋、造福万代。黄河龙门两山壁立，虽然状似斧凿，但说它是人工开凿似乎让人难以置信，因此现代人仍然为其究竟是天然形成的还是大禹开凿的而争论不休。

（四）天涯路远是为家——"三过其门而不入"的故事

在大禹治水过程中，最让人感动、最能体现他敬业精神和奉献精神的是"三过其门而不入"的事迹。

《尚书·皋陶谟》中，大禹说："予娶涂山，辛壬癸甲。启呱呱而泣，予弗子，惟荒度土功。"意思是：我娶了涂山氏的女儿为妻，婚后仅仅四天便出发去治水。待到儿子启出生时，一落地便呱呱地哭，我虽从门前经过，却不曾进去看看他，因为我正用全力忙于治水。

《孟子·滕文公上》载："禹八年于外，三过其门而不入。"

《华阳国志·巴志》载："禹娶于涂山，辛壬癸甲而去，生子启，呱呱啼，不及视，三过其门而不入室，务在救时。"

新婚四天就出发去治水，有了儿子，却十三年"三过其门而不入"，在那愚昧落后的蒙昧时代、野蛮时代，具备如此令人震撼的奉献精神和敬业精神，你能想象到吗？

《汉书·武帝纪》颜师古注引《淮南子》的记载说得更具传奇色彩。大禹为治水而开山，变为一只熊。禹对妻子涂山氏说："听到鼓声，就来给我送饭。"结果禹掀起的石头不小心落到鼓上，发出"咚咚咚"的响声。涂山氏赶忙提饭前往，见禹变成一只熊在破石，羞惭而去，跑到山下变成了石头。紧追而来的禹大喊："还我儿子！"石破而启生。

古代"重道德而轻功力"，有着博大精深的道德积累，今天我们所讲到的优秀品德，古代几乎都有涉及。如《汉书·贾谊传》把公私关系提到一个很高的境界，叫作"国耳忘家，公耳忘私"，这一道德精神的最早实践者，可以说是治水的大禹。

大禹治水，是中华民族历史上辉煌灿烂的篇章。在治水过程中，大禹以"三过其门而不入"的敬业精神和奉献精神，以人为本，因势利导，科学治水，经过艰苦卓绝的努力，终于取得了成功，并由此形成公而忘私、民族至上、民为邦本、科学创新为内涵的大禹治水精神。它作为中华民族精神的源头和象征，作为一种强大的精神激励力量，对后代产生了深远而积极的影响。

三、舜肇（划）十二州与济南城子崖城址

大禹根据天下的山川形势，把中国划分为九州。关于禹划"九

州",有《禹贡》九州说、《周礼》九州说、《尔雅》九州说、《吕氏春秋》九州说等。《尚书·禹贡》记载的"九州"是冀州、兖州、青州、徐州、扬州、荆州、豫州、梁州、雍州。后来,人们习惯把中国称为九州,即据此。魏晋阮籍的"登高望九州",南宋陆游的"但悲不见九州同",元朝王冕的"九州多禹迹",都是指禹划分的九州。

关于"舜肇十二州"之说,《尚书·舜典》有明确记载:"肇十有二州,封十有二山。"对这十二州的名称却没有具体说明。孔颖达正义曰:"禹治水之后,舜分冀州为幽州、并州,分青州为营州,始置十二州。"实际是在《禹贡》九州的基础上多了幽、并、营三州,即冀、兖、青、徐、扬、荆、豫、梁、雍、并、幽、营,为十二州。唐朝诗人李频的诗句"科条尽晓三千罪,图圄应空十二州",其中"十二州"即指"舜肇十二州"。

作为中国古代确凿的行政区划,州是汉武帝时才有的建置,舜、禹时的州只是传说。据考古发现,当时居住在山东地区的东夷族就有许多城址,有的地方甚至古城林立,可以证明当时虽无"州"的名称,但方国联盟后,由"王天下"的盟主划定的、以方国为中心的行政区划是存在的。其中,济南章丘的城子崖古城遗址就是一个典型的行政区划城址。

城子崖城址始建于龙山文化(距今4600—4000年)早期,一直延续到岳石文化(距今4000—3500年)时期和春秋初期。

1928年,中国著名考古学家吴金鼎先生在济南历城县龙山镇发现了城子崖遗址。1930年至1931年,中央研究院历史语言研究所与山东省教育厅联合进行两次发掘;1989年至1990年,山东省文物考古研究所又对遗址进行发掘，发现古城遗址分别属于龙山文化、岳石文化和周代三个时期。

龙山文化城址，北面的城墙弯曲，并向外凸出，城墙的拐角呈弧形，东、西、南三面的城墙比较规整。城内东西宽约430米，由于北面城墙不规则，南北最长处约530米，平面基本呈一个正方形，面积约20万平方米。

岳石文化城址面积约17万平方米，北面的城墙重叠夯筑在龙山文化城墙之上，有早晚之分，东、西、南面的城墙都在龙山文化城墙以内夯筑。城墙夯筑规整，厚8—12米。

周代的城墙叠压在岳石文化城墙的内侧，已残存无几。在城子崖城址的西、南城墙的发掘保护现场，通过逐渐变黑的黄土断层，可以看到"三城叠压"的痕迹：龙山文化城墙在最下层，岳石文化城墙在中层，最上层是周代文化城墙。

"三城叠压"地层图

据史料记载，周代的城子崖为谭国的都城，春秋初年，谭国被齐桓公所灭。龙山文化城、岳石文化城内均发现有房基、水井，据推算，居民在5000人以上，建筑城墙的目的显然已不是单纯防御野兽侵害了。据此可以推断，即便舜不在其中居住，它也应该是海岱地区东夷族某一个部落方国的政治、经济、文化中心；即便不是"舜肇十二州"之一，也应该是舜下属东夷族的一个行政区划。

在海岱地区，发现了许多龙山文化、岳石文化时期的城址，如龙山文化时期的邹平苑城镇丁公村东的丁公城址，龙山文化早中期的五莲潮河镇丹土城址，龙山文化中晚期的寿光边线王城址，龙山文化中晚期的临淄田旺城址。另外，阳谷景阳冈城址、皇姑冢城址、王家庄城址，茌平教场铺城址、尚庄城址、乐平铺城址、大尉城址，东阿王集城址等，都是山东龙山文化时期的城址。

在中国古代，"立国"是与筑城相随的，它显示了人力、物力、资源的集中，以及行政控制与组织管理的复杂。这些城址虽不能称作"舜肇十二州"的"州"，但至少反映了当时的行政区划情况。

四、愿补日月歌太平——辅佐虞舜的远古圣贤

当时，一场大洪水把尧统治时的升平景象荡涤殆尽，水患漫延，庄稼无收，民众流离，百业待兴。另外，禹、皋陶、契、后稷、伯夷、夔、龙、垂、益、彭祖等一大批贤才自尧时虽被举荐，却都没有明确分工，难以发挥才干。于是，舜召集包括四岳在内的十二州的方国部落首领共商大计，在布置夷夏联合治水的同时，在集思广益的基础上，选贤举能，对执行各项国家大政的人选做了重新安排。

由于连年水灾，民众饥饿不堪，舜任命后稷主管农事，辅佐禹治水，教导民众播种五谷；派契担任司徒，辅佐禹治水，同时负责教化民众，使君臣、父子、兄弟、夫妇、朋友之间互相恭顺；任命皋陶为士，

辅佐禹治水，掌管五刑，惩治寇贼奸宄，防御方外"蛮夷"的侵扰；任命益为山泽之官，管理山林川泽的草木鸟兽；任命伯夷为秩宗，负责典掌三礼，祭祀鬼神；任命垂担任百工，掌管各项手工制作；任命夔担任乐官，负责协和音律、诗歌，教化贵胄子弟；任命龙为纳言，传达天子命令，使上情下达、下情上达。最后，舜郑重告诫他们，每个人必须恪尽职守，每隔三年进行一次考核，有功者升迁，渎职者罢免。

（一）直上青天挥浮云——皋陶

皋陶，一作咎繇，传说中的东夷族首领，偃姓，生于曲阜（今属山东），是与尧、舜、禹齐名的"上古四圣"之一。葬之于六，禹根据他的功德，封其后裔于英、六一带（今安徽六安地区），故皋陶被尊为六安国的始祖。

《史记·秦本纪》载，黄帝孙颛顼有孙女叫女修，在纺织时吞玄鸟（燕子）卵生下大业。张守节正义引《列女传》和东汉班昭的注释认为，大业就是皋陶。

《史记·殷本纪》讲："古禹、皋陶久劳于外，其有功乎民，民乃有安。"这里显然是说，禹和皋陶长期在外治水，让民众安居乐业，所以对百姓有功劳。《尚书·皋陶谟》是舜和皋陶、禹等在一次会议上的讨论记录，中心发言人是皋陶。"谟"是策略、规划的意思，可知皋陶在舜的臣下中属于谋划治国策略的中心人物。其中，皋陶给舜、禹等人讲述的"九德"就很有见地。这九德是：

"宽而栗"，豁达宽厚而又正气凛然。

"柔而立"，和气温柔而拥有主见。

"愿而恭"，性情随和而又坚持原则。

"乱而敬"，才能出众而又认真敬业。

"扰而毅"，听言纳谏而又不被迷惑。

"直而温"，行为正直而又态度温和。

"简而廉"，既能从大处着眼，又能从小处着手。

"刚而塞"，刚正不阿而又不盛气凌人。

"强而义"，勇敢而又善良。

直到现在，皋陶的"九德"仍然是我们为人处世的原则。

战国时期的思想家孟子十分崇拜尧舜，"言必称尧舜"。《孟子·滕文公上》讲："尧以不得舜为己忧，舜以不得禹、皋陶为己忧。"可见，禹和皋陶是舜的左膀右臂。《史记·殷本纪》把皋陶、禹、后稷称作舜手下德高望重的"三公"。

由于连年水灾，民众饥寒交迫、流离失所，导致道德沦丧、盗贼横行，杀人越货、拦路抢劫、恃强凌弱的事件经常发生，社会治安十分混乱。据《尚书·皋陶谟》《史记·五帝本纪》载，舜在部署夷夏联合治水时，对皋陶说："皋陶啊！现在外族部落经常来侵扰我们，寇贼奸人到处为非作歹，杀人越货，希望你担任法官，根据犯人的罪行大小使用五刑，大罪示众于原野，次罪行刑于市，再次宣示于朝，把他们的罪行昭示天下，让人们有所警诫！为了表示宽大，也可以用流放来代替五刑。记住，只有明察案情，量刑得当，民众才会信服。"

皋陶担任的士，是远古的司法长官，负责刑罚、监狱、法制，因此他被奉为中国司法鼻祖。他辅佐禹治水，主要是推行法制，维护社会秩

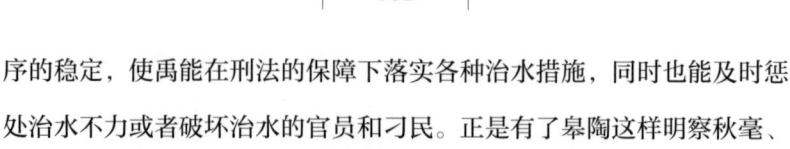

序的稳定，使禹能在刑法的保障下落实各种治水措施，同时也能及时惩处治水不力或者破坏治水的官员和刁民。正是有了皋陶这样明察秋毫、执法如山的法官执法，禹的治水事业才能大刀阔斧地进行。

史书上说皋陶为法官，不仅执法如山，而且断狱十分精准，天下无虐刑、无冤狱。

《荀子·非相》载："皋陶之状，色如削瓜。"大概是因为他执法严厉，才这样说他。北宋司马光在《悯狱谣》中称赞他说：

五刑象天有震耀，上圣本以防奸邪。

法官由来少和泰，皋陶之面如削瓜。

唐朝诗人李白的诗《鲁郡尧祠送窦明府薄华还西京》，写得更加大气磅礴："何不令皋繇拥篲横八极，直上青天挥浮云。"意思是：为什么不让皋陶用扫帚横扫四面八方，冲上青天，把那些藏污纳垢的奸宄一扫而光！

皋陶还是古代断案如神的法官的鼻祖，他使用一种叫獬豸的独角兽来断狱。獬豸形态似羊，但额上只有一只角。据说它很有灵性，能分辨曲直，见人争斗，就用角去顶触理屈者。皋陶判决疑案时，便放出獬豸，如果一个人有罪，獬豸就会上前顶触他；如果獬豸不去顶触，这人自然是冤枉的。有明察案情的獬豸帮助断案，那些作奸犯科者都不敢抵赖，不用动刑就纷纷如实招供。所以，皋陶后被传为"狱神"。据东汉王充《论衡·是应篇》载，汉代衙门均供奉皋陶，悬挂獬豸的画像。

《史记·夏本纪》张守节正义引《帝王纪》说："皋陶生于曲阜。曲阜偃地，故帝因之而以赐姓曰偃。尧禅舜，命之作士。舜禅禹，禹即帝位，以皋陶最贤，荐之于天，将有禅之意。未及禅，会皋陶卒。"皋陶经历了舜、禹两代天子，本来被选为禹的继承人，可惜没等继位就去世了。

（二）伯益佐舜禹，职掌山与川

益，即伯益，又称柏翳、大费，黄帝的六世孙，皋陶之子，东夷族偃姓部落的首领。

为了管理好山林川泽，舜征求大家的意见，问："谁能帮我管理山林川泽中的草木，驯化其中的鸟兽？"臣下一致推荐了益。于是，舜任命益为管理山林川泽的虞官。《史记·秦本纪》说益"佐舜调驯鸟兽，鸟兽多驯服，是为柏翳。舜赐姓嬴氏"。所以，伯益不仅是秦、赵之祖，还是所有嬴姓各族的祖先。

在辅佐禹治水的过程中，益一直是禹的"后勤部长"。虽然在舜的时代已经确立了农业经济，但狩猎仍然是重要的经济来源。尤其是遭遇几十年的洪水之后，庄稼被淹没，狩猎经济又成为人们赖以生存的衣食之源。益熟悉各种鸟兽的习性，见禹薄衣恶食，经常和禹一起打猎，把猎获的鸟兽分发给灾民。更难能可贵的是，益在洪水侵袭的地方，根据当地地势低洼的特点，教会灾民种植稻谷，维持了受灾期间农业的存续，在一定程度上解决了灾民的燃眉之急。在漫长的治水岁月里，如果没有益在衣食上源源不断地补充供应，禹的治水计划就很难实现。直到治水成功后，禹还追念这段历史。

益还有一项重要的创造发明是凿井，《吕氏春秋·勿躬》有"伯益作井"的记载。益长期跟随禹治水，了解地下水源的秘密，发明凿井是很可能的。在不知道人工凿井之前，人们只能居住在江河湖泊附近，一

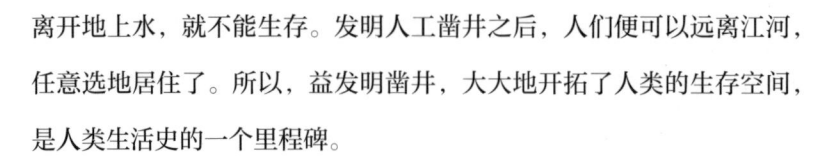

离开地上水,就不能生存。发明人工凿井之后,人们便可以远离江河,任意选地居住了。所以,益发明凿井,大大地开拓了人类的生存空间,是人类生活史的一个里程碑。

《史记·夏本纪》载:"帝禹立而举皋陶荐之,且授政焉,而皋陶卒。封皋陶之后于英、六,或在许。而后举益,任之政。"禹本来举荐皋陶为继承人,可惜皋陶先禹而逝世,禹又举荐了皋陶的儿子益,并把政务交给他处理。禹死,三年服丧结束,益避居箕山之北。禹的儿子启破坏禅让制,杀掉了益,自己继承了帝位,建立了夏朝。这就是《竹书纪年》上说的"益干启位,启杀之"。

益死后,他所在的东夷嬴姓部落仍然居住在今山东莱芜一带。西周初年武庚叛乱,嬴姓部落也参与其中,遭镇压后被迫迁往西方,成为西周西方的藩卫。直到周宣王时,益的后代才被封为西陲大夫,秦襄公时又被封为诸侯,这就是后来蒸蒸日上的秦国。

(三)旷古谁高后稷功

如果说,益以狩猎经济和水稻支持了大禹治水,后稷则是灾后重建家园、恢复农业生产的主导者。

后稷,名弃,西周姬姓的始祖。其母姜原是帝喾的元妃,在野外踩到巨人的足迹而有孕。生下孩子后,以为不祥,弃他于陋巷,过往的马牛皆避而不踩;扔到河中冰上,飞鸟像母鸡孵卵一样为他取暖。姜原以为他是神,又把他抱了回来。因当初想抛弃他,故名曰"弃"。弃自小就钟爱农作物,喜欢种植麻、菽,并且他种植的麻、菽特别高大茂盛。成人后,他善于种植百谷。舜倡导夷夏联合治水,举他为农师,负责指导天下的农业,命他和益一同辅佐大禹治水。

在《尚书·皋陶谟》中，禹追忆弃的功劳说，自己疏通了九州的河流，使大水流进四海，还疏通了田间小沟，使田里的水都流进大河。洪水一退，又和后稷一起指导民众播种百谷，为民众提供食物，使民众重建家园，得以安居乐业。由此看来，后稷辅佐大禹治水的主要功绩是灾后恢复农业生产，安定民众生活。

后稷还是中国社稷神中的稷神，即谷神。《国语·鲁语上》载："昔烈山氏之有天下也，其子曰柱，能殖百谷百蔬；夏之兴也，周弃继之，故祀以为稷。共工氏之伯九有也，其子曰后土，能平九土，故祀以为社。"中国远古有柱、弃两个稷神，夏朝以前祭祀的是柱，商朝以来，弃取代柱成为稷神。所以《左传·昭公二十九年》讲："有烈山氏之子曰柱，为稷，自夏以上祀之。周弃亦为稷，自商以来祀之。"

（四）契和伯夷

契是商的始祖，传说契母简狄为黄帝曾孙帝喾妃，吞玄鸟蛋怀孕而生契。契与益的部落同为鸟图腾，契也是东夷族的部落首领。《史记·殷本纪》说他"佐禹治水有功"，舜命他为掌管民众教化的司徒，并语重心长地对他说："契啊！现在百姓不亲和，君臣、父子、夫妇、长幼、朋友之间不能恭顺。你作为司徒，要对他们进行仁、义、礼、智、信方面的教育，记住要本着宽厚的原则。"的确，"仓廪实则知礼节，衣食足则知荣辱"，在奔腾呼啸的大洪水面前，在流离失所、腹无粒米的饥寒面前，人们生死难卜、自顾不暇，必定是人心惶惶、混乱不堪，哪还顾得仁义道德啊！契的最大功劳就是推行教化、稳定民心、振奋精神，让大家万众一心，共赴水患。由于厥功至伟，他被舜封于商，赐姓子氏，成为商朝子姓的始祖。

伯夷即《国语·周语下》中记载的"四岳",是炎帝的后裔,共工的从孙,东夷族的部落首领,伯夷所在的部落是个历史悠久的部落,《国语·郑语》说伯夷"礼于神以佐尧",早在尧的时候,已经作为人神之间的媒介为尧服务了。

《国语·周语下》有一大段共工氏、鲧、禹治水的记载,说大禹治水,"共之从孙四岳佐之",可能就是指在夷夏联合治水中,伯夷辅佐大禹,担任秩宗,负责典掌三礼,祭祀鬼神。所谓"三礼",东汉马融说指奉祀天神、地祇、人鬼之礼。治水成功后,舜"祚四岳国,命以侯伯,赐姓曰姜,氏曰有吕,谓其能为禹股肱心膂,以养物丰民人也"。意思是,封给伯夷四岳国土,爵位为侯伯,赐姓姜,为有吕氏,说他是大禹治水的忠实心腹,和大禹一起帮助灾后的民众过上富足的生活。

据《史记·齐太公世家》记载,伯夷及其后裔被封的是吕国和申国,都在南阳的宛县(今河南省南阳市宛城区)。商朝末年,辅佐周武王伐纣并被封齐国的开国之君的太公望吕尚,就是伯夷的后裔。

(五)垂、夔、彭祖

垂是远古著名的能工巧匠和乐器发明家。早在帝喾时代,垂就发明了钟,随后又发明了鼙、鼓、钟、磬、吹苓、管、埙、篪、鼗等乐器。在白居易的《长恨歌》中有一句"渔阳鼙鼓动地来,惊破霓裳羽衣曲",这里的"鼙鼓"就是垂发明的。

舜任命他担任百工,掌管各项手工制作。垂谦虚地提议让殳斨、伯与来担任。舜爽快地说:"好,就让他们与你一起担任这项职务。"这样,舜一下子网罗了一批能工巧匠。

担任乐官的夔的传说非常神奇,《山海经·大荒东经》载,入东海七千里有座流波山，山上有野兽，形状像牛，青色的身子没有长角，只有一条腿，出入海水定会伴随风雨，发出的光芒就像太阳和月亮，吼声则像雷鸣，这野兽名为夔。黄帝用它的皮蒙鼓，再拿雷兽的骨头敲打这鼓，响声能够传到五百里以外，用来威震天下。清初马骕的《绎史》卷五引《黄帝内传》载："黄帝伐蚩尤，玄女为帝制夔牛鼓八十面，一震五百里，连震三千八百里。"

在神话中，人们喜好传闻的是"夔一足"，说夔只有一只脚。商周青铜器上有一种夔纹，形态近似龙，有一角、一足，口张开，尾巴向上卷。有的夔纹已经发展为几何图形。

孔子否定了"夔一足"的传说，肯定了他是一个精通音乐的人。《韩非子·外储说左下》载，鲁哀公问孔子说："我听说夔只有一只脚，可信吗？"孔子说："夔是个人，怎么会只有一只脚？他没有什么特殊的地方，只是精通音乐而已。尧说：'有夔一个人就足够了。'委任他当了乐正。因此有学识的人说：'夔，有一，足矣，非一足也。'"

其实，有关夔一足、一角的传说，正说明夔对音乐和乐器的专一和热衷。《尚书·尧典》中，帝舜对夔说："夔，任命你掌管音乐事务，负责教导年轻人，使他们正直温和，宽厚恭谨，刚毅而不暴虐，简约而不傲慢。诗是表达思想情感的，歌是吟唱出来的语言，音调要合乎吟唱的音律，音律要谐和五声。八种乐器的音调能够调和，不失去相互间的次序，让神和人听了都感到和谐。"夔表示："好啊！让我们敲着石磬，奏起乐来，让群兽都感动得跳起舞来。"

在舜任命的22个贤人中，《史记·五帝本纪》还提到了彭祖，虽然没讲他的具体职务，但他也是舜在位时期的重要人物。

彭祖,又称彭铿,颛顼的后裔,与楚国芈姓的季连同为陆终氏之子。因被尧封于彭城,建立大彭国,后人尊称他为彭祖。

彭祖是传说中的长寿星,活了800岁。东晋葛洪《神仙传》中说他"丧四十九妻,失五十四子"。《列子·力命篇》载:"彭祖之智不出尧舜之上,而寿八百。"清代学者孔广森注释说:"彭祖者,彭姓之祖也……大彭历事虞夏,于商为伯,武丁之世灭之,故曰彭祖八百岁,谓彭国八百年而亡,非实钱不死也。"

先秦道家把他奉为导引养生的先驱。《庄子·刻意》讲:"吹呴呼吸,吐故纳新,熊经鸟申,为寿而已矣;此道引之士,养形之人,彭祖寿考者之所好也。"

中国的饮食和养生联系得特别紧密,菜肴中不仅放食材,还要放药材,这一传统,从彭祖时就奠定了。彭祖是中国第一位烹饪专家,可谓厨师的祖师爷。相传帝尧在位时,由于洪水泛滥成灾而忧患成疾,数天滴水未进,生命垂危。彭祖根据自己的养生之道,用野鸡配上茶籽,做了一道雉羹(野鸡汤)。尧远远就闻到鸡汤的香味,翻身跃起,将鸡汤一饮而尽,马上容光焕发。此后帝尧每日必食此雉羹,虽日理万机,却百病不生,一直活到118岁。就因为这道味道鲜美的雉羹,彭祖被封于大彭。诗人屈原在《楚辞·天问》中写道:"彭铿斟雉,帝何飨?受寿永多,夫何久长?"东汉王逸在《楚辞章句》中注释说:"彭铿,彭祖也。好和滋味,善斟雉羹,能事帝尧,帝尧美而飨食之。"南宋洪兴祖在《楚辞补注》中讲:"(彭祖)帝颛顼之玄孙,善养性,能调鼎,进雉羹于尧,尧封于彭城。"雉羹是我国典籍中记载最早的名馔,被誉为"天下第一羹",如今仍然是徐州传统的特色名馔。

舜王天下时，百废待兴，吃粗米饭，喝野菜汤，根本顾不上做雉羹，彭祖虽有精湛的厨艺却怀才不遇。舜发现后，也对他和垂、夔等人一起进行任命。至于彭祖担任何职，我们就不得而知了。

"巍巍尧舜主，烨烨贤良辅。"由于舜的知人善任，他的麾下精英荟萃、人才济济并且各有所长，许多都是远古著名的政治家、思想家、发明家。他们有一个共同的特点，就是拥有敢为天下先的创造力和创新精神，在辅佐舜治理天下时均有重大建树。北宋诗人郑獬在《代人上明龙图》中称赞说："夔皋拱列帝舜坐，愿补日月歌太平。"这些舜的臣下，虽然没有主宰乾坤，却都能指点江山、改天换地、发明万物，舜时期的太平盛世是他们集体智慧、才能的结晶。

五、神州尽舜尧——政通人和的和谐社会

尧死后，舜正式登上天子位。

随着大禹治水的成功，舜的统治开始进入天下大治、政通人和的太平盛世。被舜任命的人均敬业尽职，政绩卓著。皋陶为士，狱讼清明，天下夜不闭户，路不拾遗。契为司徒，百姓亲和，人怀自励，风化肃然。弃为后稷，百谷丰登，黎民殷实。伯夷主礼，人们上下礼让，尊卑有序，敬老爱幼。垂主工师，百业兴旺，人人技艺高超。益主山泽，山清水秀，鸟语花香。龙主外交，远方宾客纷至沓来。当然，禹的功劳最大，"披九山，通九泽，决九河，定九州"，天下诸侯从四面八方前来贡献。天下所有事物均治理得井井有条，四海之内无不颂扬舜的功德。《尚书·皋陶谟》中记叙了这场惊天动地的人、神、兽共舞的祭祀场面。

大舜

为了感戴舜帝之功,人们载歌载舞,普天同庆。先王的灵魂来到了,贵宾们也都就位了,诸侯国君都走上礼堂,互相揖让着坐下来。主持礼乐的夔隆重宣告:"奏起乐来,让我们纵情歌舞吧!"堂下吹起竹制乐器,敲起大鼓和小鼓,击起柷以作为演奏的开始。笙和大钟分别在堂下更换着演奏。顿时,鼓乐齐鸣,悠扬悦耳的箫韶之乐经久不息。舜高兴地歌唱道:"谨遵天命,百官勤政,天下振兴!"皋陶高歌说:"天子圣明,百官贤能,庶事康宁!"据说,舜的箫韶之乐演奏九遍后,凤凰成对起舞,舜的功德可谓感天动地,天降祥瑞。

"春风杨柳万千条,六亿神州尽舜尧。"尧舜是中国封建史家津津乐道的仁义道德明君,尧舜时代是几千年来人们推崇的治世,也是远古第一个典型的"和谐社会"。

第六章

皇皇大舜,合尧玄德

一、尧舜禅让的传说

从远古到明清，中国最高统治权力的转移经历了从"天下为公"到"天下为家"、从禅让制到世袭制两个阶段。

（一）"天下为公"与"天下为家"交接点

《礼记·礼运》把尧舜禹时期这段历史叙述为由"天下为公"的"大同社会"向"天下为家"的"小康社会"的过渡时期。原始社会，生产力水平低下，一个人的劳动产品仅够甚至还不够自己所需，没有剩余产品，所以也没有剥削，更没有私有制和阶级。所谓"大同社会"，就是指没有私有制，没有阶级，没有国家，共同劳动，共同消费劳动产品的原始共产主义社会。随着生产力的发展，一个人的劳动产品除供他自己的最低需求外，还略有剩余。这样就产生了剩余产品，有了私有制，进而产生了阶级和国家。所谓"小康社会"，就是指阶级社会。"小康"一词出自《礼记·礼运》，小康水平就是略有剩余的意思。

在氏族、部落首领的继承上，"大同社会"是把品德高尚、才能出众的人选拔出来，就像尧选择了舜、舜选择了禹一样，叫作选贤与能。"尧舜禅让"就是这种传位制度的千古佳话。"小康社会"是父传子、家天下的世袭制，叫作大人世及以为礼。夏启继承了父亲禹的帝位，建立了夏朝，成为中国世袭制的开端。尧舜禹时期，就处在这两种制度的转折点上。

人们津津乐道的"尧舜禅让"，主要是指尧把自己的帝位禅让给了舜，舜又把帝位禅让给了禹。

《史记·五帝本纪》载："尧立七十年得舜，二十年而老，令舜摄行天子之政，荐之于天。尧辟位凡二十八年而崩。百姓悲哀，如丧父母。三年，四方莫举乐，以思尧。尧知子丹朱之不肖，不足授天下，于是乃权授舜。授舜，则天下得其利而丹朱病；授丹朱，则天下病而丹朱得其利。尧曰'终不以天下之病而利一人'，而卒授舜以天下。尧崩，三年之丧毕，舜让辟丹朱于南河之南。诸侯朝觐者不之丹朱而之舜，狱讼者不之丹朱而之舜，讴歌者不讴歌丹朱而讴歌舜。舜曰'天也'，夫而后之中国践天子位焉，是为帝舜。"

在舜和不成器的儿子丹朱面前，尧心如明镜。把帝位传给舜，天下人就都得到利益而只对丹朱一人不利；传给丹朱，天下人就会遭殃而只有丹朱一人得到好处。尧深知不能让天下人遭殃而只让一人得到好处，最后毅然决然地把天子的位子传给了舜。这种"天下为公"、以天下为己任的博大情怀，使尧成为万代敬仰的圣君。

舜晚年，鉴于禹治水的赫赫功绩，效法帝尧，举行祭天大礼，把天子位禅让给禹。十七年后，舜死，三年治丧结束，禹效法舜，让舜的儿子商均继位。商均是女英所生，也是个不肖之子，结果天下诸侯都离开商均去朝觐禹。在诸侯的拥戴下，禹登上了天子之位，国号为"夏后"。他把尧的儿子丹朱封在唐国（今河北省保定市唐县），把舜的儿子商均封在虞国（今河南省商丘市虞城县）。①

然而，"禅让"仅仅是《尚书》《论语》《孟子》《史记》的记载，而《竹书纪年》《韩非子》的记载恰恰相反，不是尧舜禅让，而是

---

① 西周初年所封的诸侯国中，也有一个姬姓的虞国，在今山西省南部夏县和平陆县北一带，始封君为周太王古公亶父之子仲雍的曾孙虞仲，公元前655年被晋国所灭。与商均的虞国无关。

舜逼迫尧、禹逼迫舜交出天子之位，是篡位。

《韩非子·说疑》载："舜逼尧，禹逼舜，汤放桀，武王伐纣，此四王者，人臣弑其君者也，而天下誉之。"

《竹书纪年》载："舜囚尧，复偃塞丹朱，使不与父相见也。"

两种不同的传说，恰恰反映了当时正处在"天下为公"与"天下为家"、禅让制与世袭制的交接点上。

（二）许由"洗耳"与"巢父饮犊"

其实，在舜以前，尧曾举荐过当世高人许由当天子，被他拒绝了。

许由，字武仲，阳城槐里（在今河南省登封市）人。他为人严谨，遵守道义，行为端正，席不正不坐，割不正不食。尧年事已高，准备让贤，四处寻访贤人，得知许由的贤名，想把天下让给许由。

尧对他说："您的智慧像日月一样，已经普照万物，而我这团烛火还不熄灭，岂不是太不自量了吗？你的德行像春天的甘霖，已经普润大地，而我却还要人为去浇灌，岂不是徒劳无益吗？您只要一当天子，天下大事自然就会顺理成章。如今我还占着这个位子，实在惭愧。请允许我把天下让给你。"

许由推辞说："您已经把天下治理得很好，我若取代你，不是徒有虚名吗？就像飞鸟构巢于森林，不过只需一根树枝；鼹鼠到河里饮水，也不过只求止渴。您请回吧，天下对我没有什么用处。"

许由拒绝的态度越坚决，尧就越觉得他的人品高尚，道德智慧无人能及，于是仍然三番五次地前来说服他接受王位。无奈之下，许由只好收拾东西，离开了已无法再隐居下去的沛泽之地，连夜逃往箕山颍水旁，农耕而食，终身无意治理天下。

尧得知许由去处后,又派人请他做九州长。他听后更是烦恼,匆忙到颍水边掬水洗耳。这时候,他的好友巢父正牵着一头小牛到河边饮水,见许由洗耳,觉得奇怪,上前询问。许由说:"尧想召我为九州长,我恶闻其声,所以在洗耳朵呢!"

巢父听许由一说,马上用鄙视的语气说:"你如果隐居在高岸深谷,和人世断绝往来,谁能知道你?你这是故意游荡在世俗,沽名钓誉!算了吧,别让你洗耳朵的水污染了我小牛的嘴。"于是他牵着小牛向上游饮水去了。

在"天下为公"的大同社会,"让天下"是一时的风尚。

尧让天下给许由被拒绝后,又让给子州支父。子州支父拒绝说:"让我当天子也可以,不过我患病了正在医治,没工夫治理天下。"舜又让天下给善卷,善卷拒绝得相当气人:"我春播秋获,日出而作,日入而息,衣食无忧,逍遥自在于天地之间,当天子干什么?"舜又让天下给石户的一个农民,结果人家卷起铺盖,带着妻子儿女隐居到海岛,再也没敢回来。舜又准备让天下给朋友北人无择,北人无择说:"舜居于畎亩却游于帝尧之门,还要用他耻辱的行为来玷污我,我羞见于他!"竟然自投入清冷之渊而死。

至于尧、舜为什么要"让"天子位,这些高士们又为什么要"推"天子位,他们究竟是勇于让贤、淡泊名位,还是贪图安逸、逃避责任,看了韩非子的高论,或许我们会有一些感悟。

(三)韩非子对"禅让"的高论

韩非子是战国时期法家的集大成者,他以犀利的历史眼光窥测了原始民主时代"王天下"者的义务和责任,对"让天下"提出了自己独特而令人信服的见解。

在"天下为公"的氏族民主时代，"王天下"者是社会的公仆，而不是社会的主人，他们只有义务、责任、辛劳，没有特权，什么都得身先士卒。据《韩非子·五蠹》说，尧"王天下"的时候，住的是茅草屋，盖屋的茅草来不及修剪，架屋的橡子来不及砍削；吃的是粗米饭，喝的是野菜汤；冬天披块小兽皮，夏天穿粗布衣服，就是现在（战国时期）看门人的生活也不比这差。禹"王天下"的时候，已经是氏族民主时代的末期，禹已经具备国王的权威。禹曾要求诸侯于会稽进行朝会，因防风氏之君迟到，就把他杀掉了。即便如此，禹治水时，仍要亲自拿着农具带领人们干活，累得大腿上的肉都减少了，小腿上的汗毛都磨光了，浑身黑瘦，即使现在（战国时期）奴隶的劳动也不比这苦。从这方面讲，远古"让天子"者是"去监门之养而离臣虏之劳"，所以不足以称赞这一举动。

韩非子认为，远古之所以"让"，之所以"推"，是因为当天子、当官没有好处，只有辛劳和艰苦。由此可以看出，舜勇敢地站出来代替尧摄政，承担治理天下的任务，是多么崇高伟大。

而到后来，当天子、当官有好处了，有功名利禄了，就不"让"了，而是"争"了，甚至不惜父子兄弟骨肉相残，以篡夺帝位。

（四）《卿云歌》与千佛山的卿云轩

据《竹书纪年》《尚书大传》记载，舜在位第十四年，行祭祀礼，钟石笙筦变声。音乐奏到中途，狂风大作，天降大雷雨。舜低首而笑着说："天意已明，天下非一人之天下也，钟石音乐就是征兆！"在这里，钟石变声，暗示着虞舜逊让；卿云呈祥，明兆着大禹受禅。于是，功成身退的舜和掌管四方诸侯的"八伯"，与天下俊才一起高唱《卿云歌》，把天下禅让给禹。"八伯"，据《大戴礼记·五帝德》记载，是禹、后稷、羲和、益、伯夷、夔、皋陶、契等八大臣。

《卿云歌》是远古天下为公的赞歌，它描绘了一幅政通人和的太平盛世，表达了上古先民对圣人治国的崇尚，对舜功成身退美德的赞扬。它是舜同"八伯"、群臣、俊才互贺的唱和之作。全诗三章，由舜帝首唱、"八伯"相和、舜帝续歌三部分构成。

舜首唱曰：

> 卿云烂兮，糺缦缦兮。
> 日月光华，旦复旦兮。

大意是：卿云灿烂如霞，瑞气缭绕呈祥。日月光华照耀，辉煌而又辉煌。

"八伯"相和曰：

> 明明上天，烂然星陈。
> 日月光华，弘于一人。

大意是：上天至明至尊，灿烂遍布星辰。日月光华照耀，嘉祥降于圣人。

舜续和曰：

> 日月有常，星辰有行。
> 四时从经，万姓允诚。
> 於予论乐，配天之灵。

大舜

迁于圣贤，莫不咸听。
夔乎鼓之，轩乎舞之。
菁华已竭，褰裳去之。

大意是：日月依序交替，星辰循轨运行。四季变化有常，万民恭敬诚信。鼓乐铿锵和谐，祝祷上苍神灵。帝位禅于贤圣，普天莫不欢欣。鼓声夔夔动听，舞姿翩翩轻盈。精力才华已竭，便当撩衣退隐。

这首歌充满了奇异神话色彩，君臣互唱，场面热烈，辉映千古。尤其是舜，丝毫没有退位的失落和沮丧，始终情绪高昂、信心百倍，展现了一代圣君崇高而伟大的精神境界。

卿云轩位于千佛山东侧南北坡的交界处，是一座明清歇山式仿古建筑。飞檐翘角，雕梁画栋，坊间以自然山水为主题的彩绘显得清雅脱俗，与周边环境浑然一体，相得益彰。轩内有"舜帝抚琴"的石雕像，旁有侍者一手执鬶，一手端杯，以备舜口渴时饮水。舜方冠长

卿云轩

髯，衣着朴素，与舜祠内冕旒执圭的帝王形象迥异，应是禅让之后一介平民的打扮。

二、斑竹一枝千滴泪——舜之死

舜晚年，按照天子五年一巡守的制度，在到南方巡守之前，做了两件事。一是刚即位那年，回家探望了父亲瞽叟，以及母亲和弟弟象。那年，舜61岁。二是举荐禹为自己的继承人，并祭告上天，让禹摄政。那年，舜83岁。

大概是50岁摄政后，舜便离开历山、雷泽、河滨、寿丘、负夏等生产、生活的东夷之地，进驻都城蒲坂（在今山西省永济市西）。唐代李泰《括地志·蒲州·河东县》载："河东县南二里故蒲坂城，舜所都也。城中有舜庙，城外有舜井及二妃坛。"《史记·五帝本纪》裴骃集解讲："皇甫谧曰：'舜所都，或言蒲阪（坂），或言平阳（在今山西省临汾市西南），或言潘（在今河北省张家口市涿鹿县西南）。'"在当时氏族民主制度下，舜不可能像后来的帝王一样在京城享乐，仍然要到处奔波。舜的都城有多种传说，也符合他居无定所的事实。

舜受命于危难之际，天下事千头万绪，百废待兴，他无暇顾家，这还是他第一次回家探亲。

从舜耕历山，家中有土地、仓廪、牛羊，自己掘井来看，舜走后，瞽叟和象应该是住在历山附近。舜回家探亲，也应该是回今天的济南历下。

这次舜回家探亲，今非昔比，可称得上是前呼后拥、浩浩荡荡而来。但见到瞽叟，舜仍然像从前那样恭敬，和气地遵守当儿子的礼节，并没丝毫天子的架子。瞽叟和象为过去的罪恶捏了一把汗，他们哪里知道，舜是胸怀天下的圣君，岂能像他们那样小肚鸡肠？刘向《列女传·母仪传·有虞二妃》载："舜既嗣位，升为天子，娥皇为后，女英为妃；封象于有庳，事瞽叟犹若初焉。"舜不仅对父亲恭敬有加，还把弟弟象封为诸侯，封地在有庳，也称有鼻，在今湖南省永州市道县北，相传当地有鼻墟、鼻亭和象祠。象曾千方百计地谋害舜，舜却封他为诸侯，后人对此愤愤不平。孟子就说："象至不仁，封之有庳。"《汉书·邹阳传》也载："昔者，舜之弟象日以杀舜为事，及舜立为天子，封之于有卑。"孟子解释说："仁人之于弟也，不藏怒焉，不宿怨焉，亲爱之而已矣。亲之，欲其贵也；爱之，欲其富也。封之有庳，富贵之也。身为天子，弟为匹夫，可谓亲爱之乎？"（《孟子·万章上》）难怪司马迁说"天下明德皆自虞帝始"，在这里，舜又给后人树立了兄弟亲爱、以德报怨的典范。

做完这两件事，等于安排了后事，从此，舜了无牵挂，登上了南巡的征程。走到苍梧之野，由于多年勤劳国事，舜不幸积劳成疾而逝世，人们把他安葬在零陵的九嶷山（又名苍梧山，在今湖南省永州市宁远县境内）。这就是《史记·五帝本纪》记载的"（舜）南巡狩，崩于苍梧之野。葬于江南九疑，是为零陵"。由此可知，零陵的本意就是舜陵。据《述异志》载，当地人怀念舜，为他立祠，叫作望陵祠。

关于舜南巡而死，还有"南征三苗"而死的说法。

《淮南子·修务训》有舜"南征三苗，道死苍梧"的记载。《帝王世

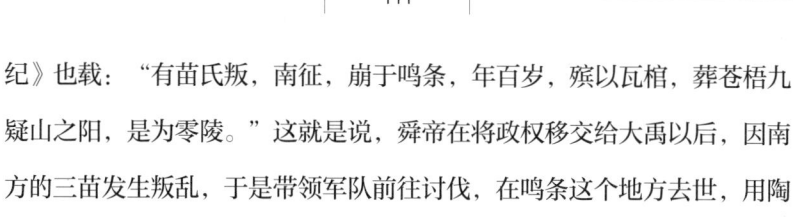

纪》也载:"有苗氏叛,南征,崩于鸣条,年百岁,殡以瓦棺,葬苍梧九疑山之阳,是为零陵。"这就是说,舜帝在将政权移交给大禹以后,因南方的三苗发生叛乱,于是带领军队前往讨伐,在鸣条这个地方去世,用陶棺盛殓,葬在苍梧九嶷山的南坡。《史记·五帝本纪》裴骃集解引《山海经》曰:"苍梧山,帝舜葬于阳,丹朱葬于阴。"

《史记·五帝本纪》讲:"舜年二十以孝闻,年三十尧举之,年五十摄行天子事,年五十八尧崩,年六十一代尧践帝位。践帝位三十九年,南巡狩,崩于苍梧之野。葬于江南九疑,是为零陵。"照此说法,舜恰好100岁。

舜南巡时,娥皇、女英并没随行,噩耗传来,娥皇、女英急急忙忙动身南行,千里寻夫不见,站在湘江边上,望着九嶷山悲痛欲绝、泪如涌泉。她们的眼泪挥洒在竹子上,竹子便挂上斑斑的泪痕,变成了"斑竹",又称作湘妃竹。西晋张华《博物志·史补》载:"洞庭之山,尧之二女,舜之二妃,曰湘夫人。舜崩,二妃啼,以涕挥竹,竹尽斑。"哭祭夫君之后,娥皇、女英痛不欲生,双双跳入波涛滚滚的湘江。据说,二女化为湘江女神,人称湘君、湘妃或湘夫人。

娥皇、女英死后,不知什么原因,没能与舜合葬,所以《史记·五帝本纪》裴骃集解引《礼记》曰:"舜葬苍梧,二妃不从。"人们把她俩安葬在君山东麓山脚下,称作二妃墓,又名湘妃墓。君山又名洞庭山,位于湖南省岳阳市西南的洞庭湖中。现在的二妃墓为1979年重修,墓前立石柱,中竖"虞帝二妃之墓"石碑,两旁也立有石碑,上刻历代文人墨客赞叹君山的诗词和二妃画像。墓周围长满斑竹,据传为二妃攀竹痛哭,眼泪洒在竹上而成。唐代诗人高骈写诗《湘妃庙》咏道：

> 帝舜南巡去不还，二妃幽怨云水间。
>
> 当时珠泪垂多少，直到如今竹尚斑。

战国时期的诗人屈原在《楚辞·九歌》中描写二妃说："帝子降兮北渚，目眇眇兮愁予。嫋嫋兮秋风，洞庭波兮木叶下。"意思是：二妃降临洞庭湖北岸的小洲，远寻湘君身影，望眼欲穿，悲痛忧伤。凉爽的秋风阵阵吹来，洞庭湖波涛涌起，树叶纷纷飘落。

1961年，毛泽东视察故乡湖南，挥笔写下《七律·答友人》的光辉诗篇：

> 九嶷山上白云飞，帝子乘风下翠微。
>
> 斑竹一枝千滴泪，红霞万朵百重衣。
>
> 洞庭波涌连天雪，长岛人歌动地诗。
>
> 我欲因之梦寥廓，芙蓉国里尽朝晖。

"帝子"指帝尧的女儿娥皇、女英。"翠微"指青山，传说九嶷山上有娥皇峰和女英峰。"长岛"指长沙的橘子洲。"芙蓉国"指湖南省，出自五代谭用之《秋宿湘江遇雨》诗"秋风万里芙蓉国，暮雨千家薜荔村"。全诗的大意是：九嶷山上空白云飘飘，两名妃子乘着微风翩翩下山。青青的竹枝上闪烁着千滴泪花，绚丽的衣衫若天上绽放的万朵红霞。洞庭湖水波浩荡，卷起如雪的白浪，橘子洲当歌一曲感天动地。我将为此而梦回祖国辽阔的河山，在芙蓉盛开的家乡洒满清晨的光辉。

第七章

活跃在济南周围的虞舜后裔

"往事越千年","萧瑟秋风今又是,换了人间"。从夏朝建立开始,正式进入"天下为家"的"家天下"时代。随后,契的后裔商汤取代夏桀建立了商朝,后稷的后裔周武王取代商纣王建立周朝,伯益的后裔秦王嬴政建立了大一统的秦朝,帝尧的后裔刘邦建立了汉朝,他们一朝又一朝地完成了自己的兴衰沉浮。表面上温情脉脉的禅让制已成为历史中的美好记忆,朝代的更替则充满了血腥和暴力、弑杀和篡夺。活跃在济南周围的虞舜后裔们也在"与时俱进",引领时代风骚。

一、田氏代齐,回归济南

舜死后,儿子商均被封在虞国,但到了夏商时期已是时过境迁。据《史记·陈杞世家》记载,夏朝时虞国时有时无。司马贞在《史记索隐》中讲到,夏朝曾封虞思、虞遂为虞国国君。商周之际,虞遂的后裔遏父,仍然继承先祖舜的制陶技艺,担任周朝的陶正一职,负责陶器制作。周武王推翻纣王的残暴统治后,寻找舜的后代,找到了遏父的儿子妫满,把他封到陈国,以此来延续舜的祭祀,并把长女大姬许给他为妻,这就是陈国胡公。

西周初年的陈国,都城在胡襄城(今河南省柘城县胡襄镇),后迁都宛丘(在今河南省周口市淮阳区)。公元前672年,陈厉公之子公子完逃到齐国,齐桓公封他为工正,负责管理齐国的手工业。后来,公子完改姓田氏,从此田氏在齐国立足。

建立齐国的是舜的臣下伯夷的后代太公望姜尚。《史记·田敬仲完世家》称:"姜姓,四岳之后。"齐国的都城在今济南东面的临淄。当时济南称历下，属于以城子崖古城为都城的谭国，谭国是西周至春秋时期的诸侯国。齐国发生内乱，公子小白欲到谭国避难，谭国国君不予接待。后来公子小白回国即位，是为齐桓公，谭国也没派人祝贺。齐桓公大怒，于公元前684年灭掉了谭国，才有了今天的济南。所以，公子完从陈国跑到齐国，也算是舜的后裔向济南的回归了。

在《史记·陈杞世家》中，司马迁把包括舜的后代在内的情况做了追述：舜之后封在陈国；禹之后建立夏朝，夏灭，封在杞国；契之后建立了商朝，商灭，封在宋国；后稷之后建立周朝，被秦昭王所灭；皋陶之后封在英、六二国；伯夷之后封在齐国；伯翳之后封在秦国。最后，司马迁说："垂、益、夔、龙，其后不知所封，不见也。右十一人者，皆唐虞之际名有功德臣也；其五人之后皆至帝王，余乃为显诸侯。"

西周的建立者是后稷的后代周武王，他所在的姬姓部落和伯夷的后代姜姓部落是世代通婚的部落联盟。姜太公到齐国后，"因其俗，简其礼，通工商之业，便鱼盐之利"，使齐国很快成为东方强国，他也因此获得代周天子出师征伐的特权。到齐桓公时，"九合诸侯，一匡天下"，成为盛极一时的霸主。

从齐桓公任命公子完为工正来看，公子完继承了先祖重技艺的传统，精通各种手工业技艺。这正与齐国重工商的国情相吻合，所以田氏在齐国迅速强大起来。

公子完的五世孙田桓子侍奉齐庄公，非常得宠，联合鲍氏驱逐执政的栾氏、高氏，对遭受栾氏、高氏排斥的贵族"反其邑""益其禄"，对贫穷孤寡者"私与之粟"，于是田氏开始获得民众和贵族的支持。

大 舜

公子完的六世孙田乞做上了齐国的大夫，在征收百姓的赋税时用大斗贷出、小斗收进的方法争取民众，又与鲍氏等贵族联合打败执政的国氏、高氏，拥立了齐悼公。齐悼公继位后，田乞担任国相，掌握了齐国政权。

齐简公时，田乞的儿子田常（又称田成子）与监止（又称阚止）任左右相。为了专权，田常再次使用父亲田乞大斗贷出、小斗收进的办法争取民众，结果民"归之如流水"。齐人歌颂说"妪乎采芑，归乎田成子"，意思是：连采芑菜的老太太都归附了田成子。公元前481年，田成子发动政变，杀死了监止和齐简公，拥立齐简公的弟弟齐平公。之后，田成子独揽齐国大权，把鲍氏、晏氏等家族全杀光了。田成子的封邑，比齐平公直辖的地区还大得多。

到田常的曾孙田和时，他将齐康公放逐到海上，只留一城之地作为他的食邑。公元前386年，周天子正式册封田和为诸侯。后来齐康公病逝，姜氏从此断了祭祀，齐国全部为田氏所统治，仍然沿用齐国的国号，只是姜氏之齐变成了田氏之齐了。

就这样，从公子完开始，经过10代人近300年的时间，田氏由一个走投无路的政治避难者登上泱泱大国的诸侯之位。

在"天下为公"的氏族民主时代，舜的"禅让"引领了时代新潮流；在"天下为家"的阶级社会，舜的后代又引领了角逐权位利禄的时代新潮流。

田氏的齐国建立后，几乎取得了与姜太公、齐桓公的姜氏之齐并驾齐驱的辉煌。齐威王时，齐国大治，威震天下，一举成为战国七雄之冠，以至于后来齐闵王与秦昭王互为"东西二帝"。齐国的手工业，赢

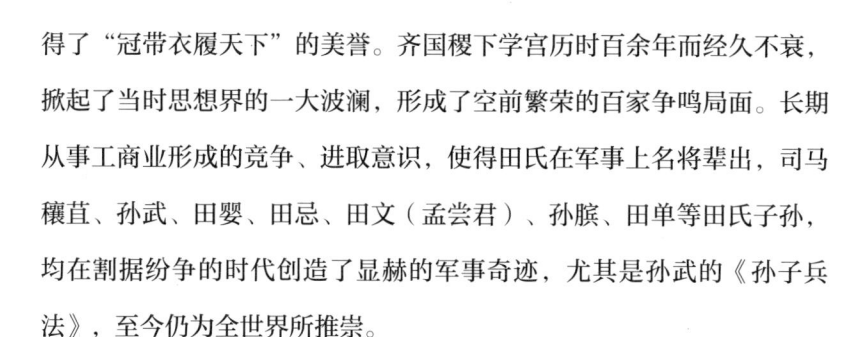

得了"冠带衣履天下"的美誉。齐国稷下学宫历时百余年而经久不衰，掀起了当时思想界的一大波澜，形成了空前繁荣的百家争鸣局面。长期从事工商业形成的竞争、进取意识，使得田氏在军事上名将辈出，司马穰苴、孙武、田婴、田忌、田文（孟尝君）、孙膑、田单等田氏子孙，均在割据纷争的时代创造了显赫的军事奇迹，尤其是孙武的《孙子兵法》，至今仍为全世界所推崇。

田氏之齐的最后一个国君是齐王建，公元前221年齐国被秦国所灭。

二、秦末田氏在济南周围的复国活动

秦汉之际，舜的后裔再露峥嵘。

秦始皇统一六国，建立了大一统的秦王朝。由于实行了全面的暴政，秦朝成了二世而亡的短命王朝。公元前209年，陈胜、吴广揭竿而起，天下云集响应，六国贵族为了恢复故国纷纷起兵。齐国的田氏子孙也积极投入到这场复国战争中来，他们的复国活动基本在济南周围一带展开。

齐国灭亡后，齐国田氏宗族的一支田儋带着堂弟田荣、田横居住在济南东北的狄县（今山东省淄博市高青县东南）。这支田氏在当地实力雄厚，很得人心。陈胜的起义军在周市的带领下很快打了过来。田儋当机立断，组织了一批少年壮士，绑着一个家奴，说要拜见县令，声称要在拜见县令之后杀死有罪的家奴。刚见到县令，田儋一声令下，就将县令杀了，然后召集有势力的官吏和年轻人说："现在天下诸侯都反秦自立，齐地是古代封建的诸侯国，而我田儋，是齐王田氏的同族，应当为王！"于是，田儋自立为齐王，并且发兵击退了周市。周市的部队撤走以后，田儋乘机带兵东进，夺取并平定了齐国故地。

不久，秦将章邯带兵在临济（今河南省新乡市封丘县东）围攻魏王咎。情况紧急，魏王派人到齐国来求救。齐王田儋率兵救援，不幸兵败，被杀死于临济城下。堂弟田荣带领余部向东逃到了东阿。齐人听说田儋战死的消息后，就拥立已故齐王建的弟弟田假为齐王、田角为丞相、田间为大将，以此来抗拒诸侯。

田荣得知齐人立田假为齐王一事后非常气愤，于是带兵回去，攻击追逐齐王田假。田假不堪一击，逃到楚国，田角、田间逃到赵国。田荣又立田儋的儿子田市为齐王、自己为丞相、田横为大将，收复了齐地。

陈胜起义失败后，楚国贵族项梁、项羽成为起义军的主力。项梁想联合赵国、齐国共同抗击秦将章邯。田荣说："只有楚国杀死田假，赵国杀死田角、田间，我们才肯出兵。"结果楚国、赵国没有答应，齐国也没有出兵。这样一来，章邯就有了可乘之机，他不但打败并杀死了项梁，而且渡过黄河把赵国团团围住，致使天下反秦的形势急转直下。项梁的侄子项羽因此对田荣怀恨在心。

后来，项羽北上救赵，破釜沉舟，打败章邯，并乘胜攻进秦朝都城咸阳。在咸阳，项羽自称西楚霸王，然后又分封诸侯王。齐国将领田都本是田儋、田荣兄弟的副将，后跟随项羽北上救赵，又跟随他入函谷关灭秦，所以被封为齐王，都城在临淄（今山东省淄博市的临淄城北）。项羽把齐王田市改封为胶东王，都城在即墨（今山东省平度市东南）。

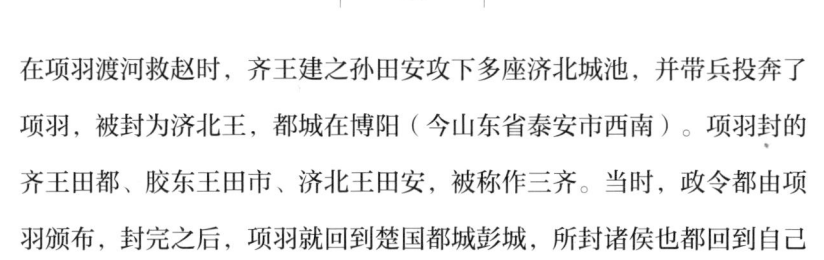

在项羽渡河救赵时，齐王建之孙田安攻下多座济北城池，并带兵投奔了项羽，被封为济北王，都城在博阳（今山东省泰安市西南）。项羽封的齐王田都、胶东王田市、济北王田安，被称作三齐。当时，政令都由项羽颁布，封完之后，项羽就回到楚国都城彭城，所封诸侯也都回到自己的封国。

田荣因违抗项梁之意，未出兵援助楚国，也没跟随入关灭秦，因此未被封王。于是，田荣发兵阻击项羽封的齐王田都，田都逃到楚国。田市被封为胶东王，田荣也不准他去胶东。田市手下的人说："项羽强大而凶暴，而您作为齐王，应该到自己的封国胶东去，若是不去的话，一定有危险。"田市非常害怕，于是就逃跑去胶东。田荣得知后勃然大怒，急忙带人追赶田市，在即墨把他杀死了，回来又攻打济北王田安，并且把他杀死。于是，田荣就自立为齐王，占有了三齐之地。

项羽听说田荣在齐地捣乱，迅速率兵北伐田荣。田荣哪是项羽的对手，刚一交战，就被所向无敌的项羽打得溃不成军，慌忙逃到济南北面的平原，最后被平原人所杀。

项羽虽然骁勇善战，但军纪败坏。一进入齐地，项羽就烧毁荡平了齐国都城的城郭，所过之处大加屠戮，齐国人无法忍受，纷纷聚集起来反抗。田荣的弟弟田横，招募起齐国的散兵，很快聚集起数万人，反过头来在城阳攻打项羽。恰在这时，汉王刘邦率军攻入楚都彭城，项羽只好舍弃齐地，回去救彭城。于是，田横收复齐地城邑，拥立田荣的儿子田广为齐王，自己为丞相辅佐他，并专断国政，所有政事，无论大小，皆由田横决定。这段时间，齐国渐渐趋于安定、强盛，是田横政绩最佳的一段时间。

三年后，刘邦派郦食其到齐国游说，要他们归顺汉朝。田横答应了，解除了齐国在济南历下对汉军的防御。

齐国起初曾派华无伤、田解带领军队驻守济南历下以抗拒汉军，等到汉使者到来，就废弃了守城的战备。汉将韩信平定了赵国、燕国之后，本来带兵要向东攻打齐国，听说齐国已被郦食其游说归附，本想驻兵不前，辩士蒯通说："将军奉诏击齐，有诏书让您停战吗？更何况，郦生仅凭三寸不烂之舌就拿下齐国七十余座城池，将军率领数万大军，一年才攻下赵国五十余座城池，做了几年将军，反而比不上一个读书小子的功劳吗？"于是，韩信轻信蒯通之言，进攻齐国在济南历下的守军，挥师攻入临淄。齐王田广、丞相田横见汉军突然出现，非常生气，认为自己被郦食其出卖了，立刻烹杀了郦食其。齐王田广逃到高密，丞相田横、守相田光、将军田既也都四散奔逃。后来，田广在逃亡中被杀，田横听到这个消息，就自立为齐王，但仅仅是在一败再败中苦苦支撑而已。

刘邦消灭了项羽，统一了全国，自立为皇帝，于公元前202年建立汉朝。田横害怕被杀，就带领他的部下五百多人逃入海中的一个小岛上（今山东省青岛市即墨区的田横岛）。刘邦听说后，认为田横兄弟平定了齐国，齐国的贤士大都依附于他，如果让他流落在海中而不加以收揽的话，以后恐怕难免有祸患，因此就派使者赦免田横的罪过并且召他入朝。田横自然能看穿刘邦的企图，他不愿被刘邦软禁在朝中，辞谢说："我曾经烹杀了陛下的使者郦食其，听说他的弟弟郦商是一个很有才能的将领，所以我恐惧不已，不敢奉诏进京。请允许我做一个平民百姓，看守海岛。"使者回来报告，刘邦自然也不相信田横真能老老实实地看

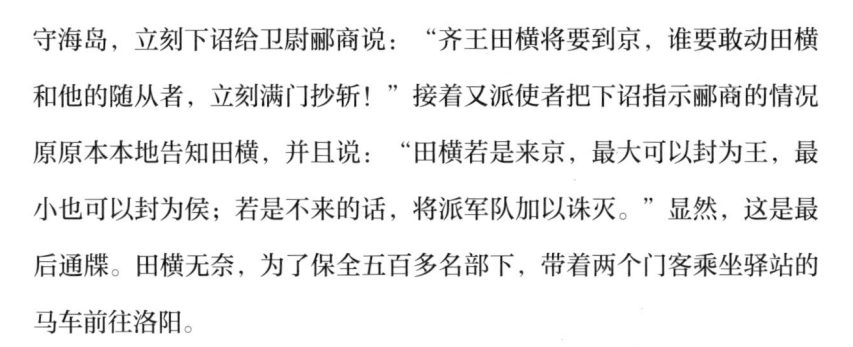

守海岛，立刻下诏给卫尉郦商说："齐王田横将要到京，谁要敢动田横和他的随从者，立刻满门抄斩！"接着又派使者把下诏指示郦商的情况原原本本地告知田横，并且说："田横若是来京，最大可以封为王，最小也可以封为侯；若是不来的话，将派军队加以诛灭。"显然，这是最后通牒。田横无奈，为了保全五百多名部下，带着两个门客乘坐驿站的马车前往洛阳。

走到离洛阳30里远的一个叫尸乡（今河南省洛阳市偃师区西）的地方，田横对他的门客说："想当初我田横和汉王一样称王，而现在汉王为天子，而我田横却以一个亡国俘虏的身份去侍奉他，这本来就是莫大的耻辱。更何况我烹杀了郦商的兄长，再与他并肩侍奉同一个主人，纵使他害怕皇帝的诏命，不敢动我，我难道就无愧于心吗？皇帝召我来京，不过是想见一下我的面貌。如今皇帝就在洛阳，现在割下我的头颅，快马飞奔三十里，我的容貌还不会改变，就拿去让皇帝看吧！"说完之后，田横就自刎了。两个门客手捧他的头，跟随使者飞驰入朝，奏知刘邦。刘邦伤感落泪，感叹道："田横从平民百姓起家，兄弟三人接连为王，难道不是贤能的人吗？"随后，刘邦任命田横的两位门客为都尉，并且派两千名士兵，用诸侯王的丧礼安葬了田横。

没想到葬礼一结束，田横的两位门客就在田横墓旁挖了两个洞穴，然后自杀在里面，为田横殉葬了。刘邦听说此事后，大为吃惊，认为田横的门客都非等闲之辈，想起岛上还有五百人，立刻派人前往征召。让刘邦更为震惊的是，那五百人听到田横的死讯，也都自杀了。其守义不辱、视死如归、慷慨壮观的场面和行为，震惊了当时和后来的人们，那个海岛，因此被命名为"田横岛"。

徐悲鸿创作的《田横五百士》历史题材油画

东汉史学家班固在《汉书·魏豹田儋韩（王）信传》中讲："周室既坏，至春秋末，诸侯耗尽，而炎黄唐虞之苗裔尚犹颇有存者。秦灭六国，而上古遗烈扫地尽矣。楚汉之际，豪杰相王，唯魏豹、韩信、田儋兄弟为旧国之后，然皆及身而绝。横之志节，宾客慕义，犹不能自立，岂非天虖！"

北宋大文豪苏轼把被刘邦诛杀的齐王韩信和齐王田横做对比，感慨说："与其受韩信之诛，岂若死田横之节也哉。"

清代史学家陈廷敬《咏汉事六首》其六赞颂田横说：

田横能得士，高义陵千秋。

横来大者王，横来小者侯。

慷慨五百人，不与韩彭俦。

富贵苟不乐，沈殒遂所求。

至今沧海上，天风激清流。

三、东平陵王家的王政君

项羽分封的三个齐王中，齐王建之孙、济北王田安被田荣杀死后，济南一带称他的子孙为"王家"，因此，他们以"王"为氏，在济南东平陵居住下来。东平陵城遗址在今济南市章丘区龙山街道阎家村北，城墙的轮廓至今影影绰绰可以观察到，这是最早的济南郡（国）的治所。

史册上最早出现的济南的名称为"泺"，《左传·桓公十八年》载："公会齐侯于泺。"即鲁桓公和齐襄公相会于趵突泉。当时济南是齐国的泺邑，因在历山之下，故称"历下"，汉代称"历城"。因地处古济水之南而命名的"济南"始于西汉。汉朝正式建立后，长庶子刘肥被封为齐王，齐国拥有胶东、胶西、临淄、济北、博阳、城阳、琅琊七郡七十三县，当时尚无济南郡。《史记·齐悼惠王世家》载，吕后元年（前187）称制，"立其兄子郦侯吕台为吕王，割齐之济南郡为吕王奉邑"，这应是济南作为地名出现的最早记录。

齐国七郡中开始有博阳无济南，到文帝十六年（前164），齐国七郡有济南无博阳，可知济南郡即为博阳所改而来。当时的博阳郡治在济水之南的东平陵，改为济南郡后，郡治仍在东平陵。

汉代因京师右扶风有一平陵县，是西汉昭帝刘弗陵的皇陵，故在济南郡（国）设平陵县，称作东平陵县。两汉时，济南作为诸侯王的封地叫济南国，作为中央直辖行政区划时叫济南郡，均以东平陵为治所。

东平陵城是两汉、三国和西晋时的著名城市，当时的政治、经济、文化中心。西晋伏琛的《三齐略记》记载，东平陵县是商朝帝乙的都

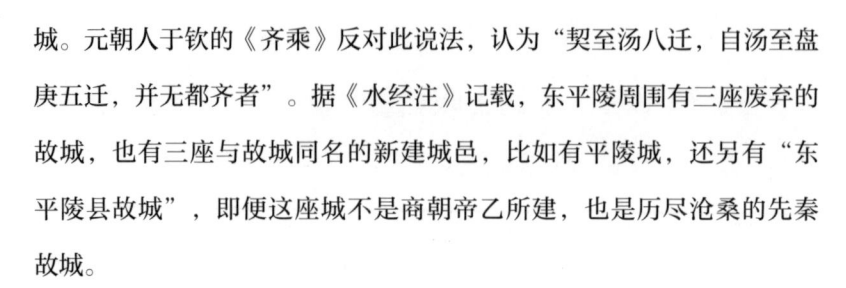

城。元朝人于钦的《齐乘》反对此说法，认为"契至汤八迁，自汤至盘庚五迁，并无都齐者"。据《水经注》记载，东平陵周围有三座废弃的故城，也有三座与故城同名的新建城邑，比如有平陵城，还另有"东平陵县故城"，即便这座城不是商朝帝乙所建，也是历尽沧桑的先秦故城。

西晋永嘉年间（307—313），济南郡（国）的治所迁到历城。当然，无论是历城，还是东平陵，都在济南的管辖范围内。

汉文帝、汉景帝时，田安之孙王遂在东平陵定居下来。王遂的玄孙王莽建立新朝，追封王遂为"伯王"，在东平陵为他修建了陵园和庙宇。

王遂的儿子王贺，在汉武帝时任绣衣御史。当时，酷吏横行，其他州的御史对郡守、县令和一般百姓的纠举十分严苛，官员与民众稍有不慎，就会遭到株连，被诛杀的达上万人。王贺到魏郡督捕盗贼，对群盗党羽以及胆小怯懦停滞不前应当治罪的官吏，一概放纵不问，因而以不称职被免官。事后，王贺感叹说："我听说救活一千人，子孙便能得到封赏，我救活的有一万多人，难道是后代将要兴旺了吗？"王贺罢官后回到家乡东平陵，因与当地终氏是仇家，又迁到魏郡元城（今河北省邯郸市大名县东）委粟里安家。

王贺的儿子是王禁，妻妾成群，生下八男四女，长子王凤、次子王曼、三子王谭、四子王崇、五子王商、六子王立、七子王根、八子王逢时，长女君侠、次女政君、三女君力、四女君弟。这些人后来皆成显贵，王莽的新朝就借助他们而诞生。事情还得从王禁的次女王政君说起。

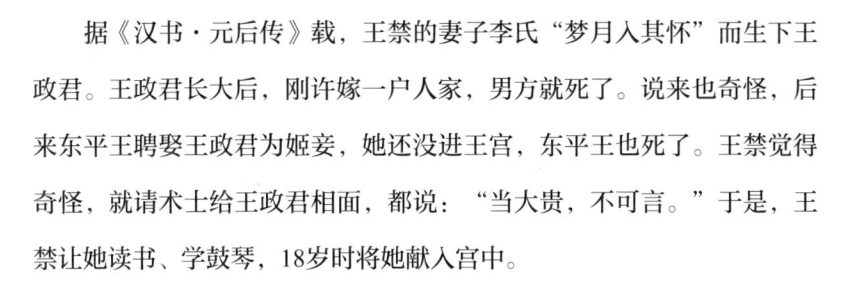

据《汉书·元后传》载，王禁的妻子李氏"梦月入其怀"而生下王政君。王政君长大后，刚许嫁一户人家，男方就死了。说来也奇怪，后来东平王聘娶王政君为姬妾，她还没进王宫，东平王也死了。王禁觉得奇怪，就请术士给王政君相面，都说："当大贵，不可言。"于是，王禁让她读书、学鼓琴，18岁时将她献入宫中。

王政君入宫后，以匪夷所思的好运在争宠夺嫡的汉宫中连克各种难题，得幸于太子刘奭而有孕。据说，太子后宫的嫔妾有几十人，侍奉太子时间长的有七八年，就是没有怀孕的，而王政君则刚一得宠便有了身孕。汉宣帝甘露三年（前51），王政君生下了刘骜，汉宣帝喜不自胜，亲自给这位皇孙起名叫骜，字太孙。三年后，汉宣帝去世，太子刘奭即位，即汉元帝，刘骜被立为太子。王政君先是被立为婕妤，三日后被立为皇后。汉元帝死后，太子刘骜继位，他就是汉成帝。王政君被尊为皇太后。汉成帝死后，哀帝、平帝、孺子婴相继即位，王政君均为太皇太后。王莽建立新朝，又尊她为"新室文母太皇太后"。从公元前49年当皇后起，到公元13年去世，王政君的皇后、皇太后、太皇太后生涯长达62年，终年84岁，是中国历史上寿命最长的皇后之一。

一人得道，鸡犬升天，自王政君当上皇后，王家的好运来了。汉元帝封王禁为阳平侯，王禁死后由长子王凤继承侯爵；封王禁的弟弟王弘为长乐卫尉。到了汉成帝，又任命王凤为大司马大将军领尚书事，加封五千户封邑。西汉自汉武帝拜霍光为大司马大将军托孤辅政以来，大司马大将军就成了一人之下万人之上的朝廷首辅大臣，一般都兼领尚书政务，掌握军政实权。王氏外戚专权得势，就是从王凤开始的。因王政君和王凤、王崇是一母同胞，王崇被封为安成侯，食邑有一万户。王凤的其他弟弟都封为比侯爵低一级的关内侯，都有食邑。

没几年工夫，汉成帝又封王谭为平阿侯、王商为成都侯、王立为红阳侯、王根为曲阳侯、王逢时为高平侯，五个人在同一天封侯，因此人们称他们为"五侯"。王政君的兄弟中，只有王曼很早就去世了，其余的都封了侯。王政君的亲生母亲李氏在王政君入宫前改嫁给苟氏，生了一个儿子名叫苟参，苟参后来也做了侍中、水衡都尉。其他王氏子弟也当上卿大夫、侍中等一类的官，分别占据了各个要害部门，遍布朝廷。

大将军王凤掌握大权，成帝凡事谦让，不敢自行其是。有人向成帝推荐了刘歆，说他博学多才，成帝召见并考察了刘歆，认为确实人才难得，想封他为中常侍，衣冠都取来了，左右都提醒说："不知大将军是否同意？"成帝不在乎地说："这件小事，还需要问大将军吗？"左右叩头坚持询问大将军的意见。成帝只好去问王凤，王凤果然不同意，刘歆的中常侍一职也就泡汤了。

王氏子弟官满朝廷，王凤当权，引起了成帝的不平和朝中官员的不满。京兆尹王章刚直敢言，首先发难，借口天变和灾异上书成帝，二人密谋撤销王凤大将军的职务。可王凤的耳目早已布满朝廷，王凤的堂弟王音，在成帝身边任侍中，每次王章被召见时，成帝都屏退左右，只有侍中王音在场。王音听到密议，马上透露给了王凤。王凤以病相威胁，上书要求退休。太后王政君当然心疼自己的兄弟，于是给自己的皇帝儿子施加压力。在舅舅和母亲的双重压力下，成帝妥协了，好言劝慰王凤，并指派尚书弹劾王章，把王章杀死在狱中。

从此，大臣们见到王凤都不敢直视，郡国的地方官员都是他的亲

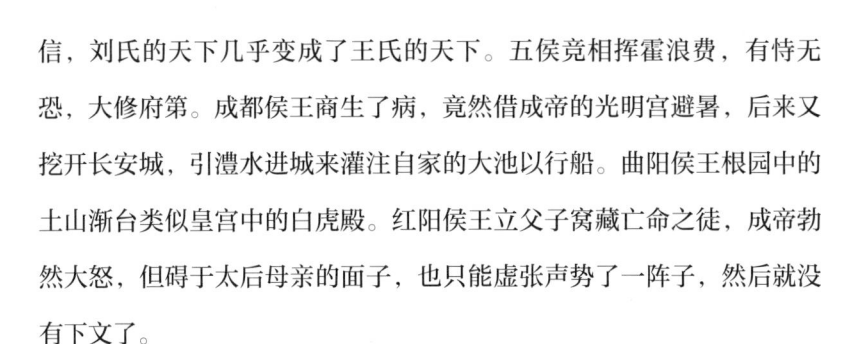

信，刘氏的天下几乎变成了王氏的天下。五侯竞相挥霍浪费，有恃无恐，大修府第。成都侯王商生了病，竟然借成帝的光明宫避暑，后来又挖开长安城，引沣水进城来灌注自家的大池以行船。曲阳侯王根园中的土山渐台类似皇宫中的白虎殿。红阳侯王立父子窝藏亡命之徒，成帝勃然大怒，但碍于太后母亲的面子，也只能虚张声势了一阵子，然后就没有下文了。

王政君的兄弟王曼因早死没有封侯，留下一个儿子王莽，王政君常常在成帝面前提及他，平阿侯王谭、成都侯王商和一些做官的人也都称赞王莽。不久，成帝下诏追封王曼为新都哀侯，由儿子王莽继承爵位，为新都侯。很快，王莽由侍中、骑都尉、光禄大夫升任大司马。

成帝死后，定陶王刘康的儿子刘欣入继大统，是为汉哀帝。哀帝的祖母是汉元帝的傅昭仪，母亲是定陶王的丁姬。王政君见形势对王氏不利，马上下诏让王莽离开朝廷，退回自己的封地。哀帝时，王氏的势力在傅、丁两家外戚的掣肘下有所收缩，隐退的隐退，免官的免官，反倒引起了社会的同情。

汉哀帝在位七年就去世了，没有儿子，太皇太后王政君在他去世的当日驾临皇宫收取了天子玉玺，派遣使者从封国召回了王莽。由此，朝廷所有派遣军队的符节凭证，文武百官向皇上陈述朝事，内宫太监和皇帝的亲兵都归王莽掌管。接着，王莽被任命为大司马辅政，太皇太后临朝称制，征年仅九岁、体弱多病的中山王刘衎入朝继位，是为汉平帝。至此，王莽掌控了朝廷军政大权，成为王莽代汉建立新朝的前奏。

四、王莽改制，祖风犹存

王莽（前45—23），字巨君。王政君的父亲和兄弟们都在汉元帝、汉成帝时封侯，担任要职，辅佐朝政，全家共有九人封侯，五人担任大司马，只有王莽的父亲王曼早死，没有封侯。所以，王莽这一代，几乎都是将军、列侯子弟，可以凭父亲当时的地位恣意奢华，声色犬马，唯独王莽孤贫没人理睬。由于没有资本，王莽态度谦恭，勤奋求学，侍奉母亲和寡嫂，并精心抚养已是孤儿的侄子王光，还供他读书。大将军王凤有病，王莽侍候他，亲口尝药，一连几个月都不能解衣入睡，因而蓬头垢面。王凤临终时，把王莽托付给成帝和王政君，王莽因此被封为黄门郎，以后又升任射声校尉。

王莽生活简朴，为人谦恭，在外结交俊杰之士，在内恭谨地侍奉诸位伯父叔父，在王氏宗族中、在社会上都获得了普遍的好评。叔父成都侯王商上书成帝，表示愿意分出自己的封户，封王莽为侯。长乐少府戴崇、侍中金涉、胡骑校尉箕闳、上谷都尉阳并、中郎陈汤等人，都是当时很有名望的人，纷纷上书称赞王莽。再加上姑母的帮助，王莽封侯一事水到渠成。

王莽封侯后，更加谦虚谨慎。王莽让孤侄王光去读书，休假时就亲自乘车，带着羊和酒，去慰问他的老师，连侄子的同学也送上一份礼物，因此受到师生的交口称赞。他让儿子王宇和侄子王光同日举行婚礼，来贺喜的宾客坐满了屋子，王莽来回奔波，照顾客人。酒席中，有人来告诉王莽，说太夫人病痛，问要吃什么药，王莽赶紧去拿，一宴之间连续起身多次。他曾经暗中买了一个侍婢，兄弟们都知道了，他赶忙声明说："后将军朱子元没有儿子，我听说这个女子能生儿子，就为朱将军买来了。"当天他就把女婢送到了朱府。王莽隐藏自己的真实情感追求名誉到了这种地步。

王莽任大司马后，先是建言对诸侯王和功臣后裔大加封赏，然后封赏在职官员，增加退休高级官员的俸禄，扩大博士和太学生的名额，征聘各地十人到京城做官，从而获得了上层贵族的好感；对下层百姓和鳏寡者等无依靠的老人推行恩惠政策，让他们都得到好处。他又上书平帝和太皇太后，表示愿意拿出银钱一百万，献出田地三十顷，来救济平民百姓，于是王公大臣们都效仿他行事。每逢发生水旱灾害，王莽只吃素食。元始二年（2），全国大旱，并引发蝗灾，青州受灾最严重。在王莽的带动下，230名官民献出土地和住宅救济灾民，灾区普遍减收租税，灾民得到充分抚恤。皇家在安定郡的呼池苑被撤销，改为安民县，用来安置灾民；连长安城中也为灾民建了1000套住宅。大司徒司直陈崇上表赞颂王莽的功德，说他可与古代的圣人相比。

然而，自从辅政汉平帝以来，王莽开始有了篡汉称帝的野心，培植亲信、树立党羽、排斥异己，这是免不了的。

为了培植自己的党羽，王莽主动巴结当时著名大儒、大司徒孔光。孔光是三朝元老，深受王太后和朝野的敬重，王莽推荐他的女婿甄邯任侍中兼奉车都尉，利用孔光上奏的影响力充当自己排斥异己的工具。孔光一上奏，王莽就让太后批准，于是，前将军何武、后将军公孙禄，丁氏、傅氏两家外戚，以及汉哀帝得宠的臣子董贤的亲属，治罪的治罪，免官的免官，王氏外戚的政敌和异己势力几乎被一网打尽。就连王莽自己的亲叔叔、红阳侯王立也因不顺从他而被赶出了京师。

在诛除异己的同时，王莽的亲信党羽也逐步聚拢，形成了以王舜、王邑、甄丰、甄邯、平晏、刘歆、孙建七人为核心的亲信集团。在他们的支持下，王莽加快了篡汉称帝的步伐，由"四辅"、安汉公、宰衡、加九锡，到摄皇帝和假皇帝，一步步向皇位靠近。

在迫近皇位的过程中，王莽和他的亲信党羽配合得相当默契，既迷惑了太后，又获得了天下舆论的赞誉。

每当王莽想要什么头衔，只需略微示意，他的党羽就心领神会，接着是朝野官僚、百姓纷纷上书，强烈要求；然后是王莽磕头哭泣，坚决推辞；再由太后下诏，要求王莽顺从民意；王莽再推辞，吏民再上书，太后再下诏；反复演戏之后，王莽万般无奈，不得已屈己受命。比如，王莽称安汉公，就是这样进行的。

据说，西周时周公辅佐年幼的周成王，制礼作乐，天下太平。交趾郡（在今越南北部红河流域一带）南边有个越裳国，经过多重翻译向西周进献白雉，成王将白雉送给周公。从此，远方外夷献白雉，成为国家强盛、人民安居乐业的祥瑞。王莽觉得这个可以大做文章，于是，暗示益州（治所在今四川省广汉市雒县）地方官，让境外蛮夷假称越裳国贡献白雉。

白雉一到，朝野马上热闹起来了。王莽先不动声色地让姑母王太后下诏，以白雉祭祀宗庙。诏令一下，群臣马上奏言王太后："太后委任大司马王莽决策拥立新帝，从而使朝廷安定。先前的大司马霍光有安邦定国的功劳，增加封邑三万户，并且规定他死后子孙继承爵位，封邑数同他相等，如同萧相国。王莽应当按照霍光的成例授封。"王太后询问王公大臣们说:"真是因为大司马有大功劳应当褒扬他呢,还是由于他是我的至亲缘故而使他与众不同呢?"大臣们大力陈奏:"王莽的功德招来了像周公辅佐周成王获得白雉一样的祥瑞征兆,相隔千年,符命却相同。圣明的帝王的法度是,臣下有了大的功勋,那么他生前就能获得美好的称号,所以周公在世时就得以用周的国号作为他的称号。王莽有稳定国家、安定汉朝的莫大功勋,应当赐封称作安汉公,增加封户,规定他死后子孙继承爵位时封邑户和他一样,远的符合周公在周成王时的成例,近的如同霍光的先例,因此应该给王莽同等的封赏,以求顺上天的旨意。"王太后就下诏让尚书备办这件事。

王莽上书推辞说:"臣和孔光、王舜、甄丰、甄邯共同商定拥立新帝的大计,把我的名字去掉,表彰他们四人就行了。"甄邯等人当然心领神会,马上上书太后:"《尚书》讲:'无偏无党,王道荡荡。'太后不可因骨肉关系蔽隐王莽的功德,大司马也不可因骨肉而避嫌辞让。"王莽却再次上书辞让。

王太后让人请王莽入宫,想和他当面谈一谈。没想到,王莽推说有病,不肯入宫。王太后派尚书令亲自去请,王莽仍然是坚决推辞。太后又派长信太仆拿着诏书召他进宫,王莽却仍坚持托病不出。

左右侍臣们劝王太后说:"还是先按王莽的意见办吧!这样,王莽才能来。"无奈之下,王太后下诏,封太傅、博山侯孔光为太师,增加封邑一万户;封车骑将军、安阳侯王舜为太保,增加封邑一万户;任命甄丰为少傅,封广阳侯,食邑五千户。以上三人都授予"四辅"的职位,每人赏赐一座府第。侍中、奉车都尉甄邯被封为承阳侯,食邑二千四百户。

谁知，封完这四人后，王莽还是不上朝。群臣又是一阵鼓噪上书，强烈要求太后重赏王莽。王太后只得以高调吹捧王莽说："大司马、新都侯王莽是历任三朝的三公，承继周公的职责，制定了使后世长治久安的策略，功劳德行是忠臣们所景仰的，教化流传遍及全国，远方异域的人们也仰慕他的大义，所以越裳氏辗转而来进献白雉。应当把召陵、新息两县民户28000家加封给王莽，免除他后代的赋税徭役，规定子孙可以继承他的爵位和封邑不变，封赏按照萧相国的成例。任命王莽为太傅，主管四辅的事务，称号是安汉公。把从前萧相国的豪华宅邸作为安汉公的府第，将这些见诸文字，以传之于无穷。"这下，王太后把王莽捧得可不轻。王莽的定位，已经超越萧何，与周公平起平坐了。

这下，王莽的目的达到了。他做出诚惶诚恐的样子，让人感觉他是不得已才上朝接受册封的。他又表示，只接受"太傅""四辅""安汉公"的称号，辞去增加的封地和规定子孙世袭爵位、封邑的赏赐，说愿意等百姓家家都丰衣足食了，再接受这样的赏赐。这样一来，王莽不仅没有露出篡权的迹象，反倒使朝野再次掀起一片拥护安汉公的呼声。

朝廷既然有了安汉公，太后的权力就不起作用了。王政君下诏宣布，除了封爵，一切政务皆不过问，都由安汉公处理。

西汉末年，出现了严重的社会危机，一是土地兼并严重，二是奴婢数量激增。皇族、贵戚、官僚和豪强地主疯狂强占民田，加速了农民的破产。失去土地的农民或者沦为奴婢，或者四处流亡，因饥饿而死，死后又无力安葬，尸体往往被猪、狗所食。汉哀帝时，谏大夫鲍宣说，民"有七亡而无一得""有七死而无一生"。正如王莽的《王田令》所说："兼并起，贪鄙生，强者规田以千数，弱者曾无立锥之居。又置奴

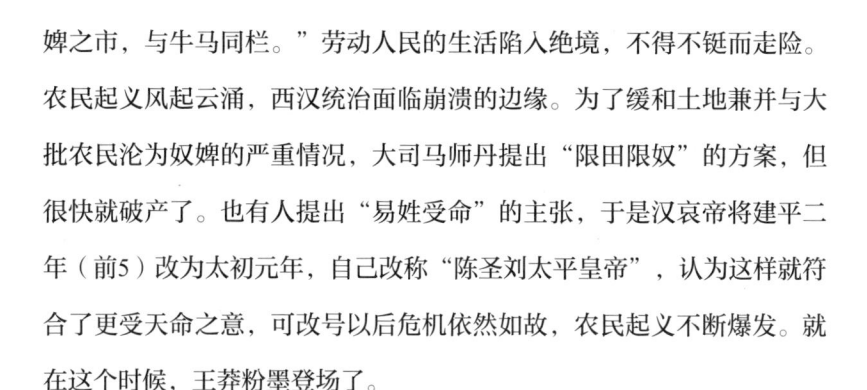

婢之市，与牛马同栏。"劳动人民的生活陷入绝境，不得不铤而走险。农民起义风起云涌，西汉统治面临崩溃的边缘。为了缓和土地兼并与大批农民沦为奴婢的严重情况，大司马师丹提出"限田限奴"的方案，但很快就破产了。也有人提出"易姓受命"的主张，于是汉哀帝将建平二年（前5）改为太初元年，自己改称"陈圣刘太平皇帝"，认为这样就符合了更受天命之意，可改号以后危机依然如故，农民起义不断爆发。就在这个时候，王莽粉墨登场了。

由于实施了一系列收揽民心的措施，王莽博得了社会各阶层的普遍好感，人们都对他寄予了希望。上层贵族认为，王莽有回天之术，能挽救摇摇欲坠的社会危机；下层人民认为，他仁慈善良，能改变自己的生活境况。王莽不接受朝廷赐给他的新野之田，上书颂扬其功德的有487572人。王莽称帝前，关于王莽受命做皇帝的舆论一浪高过一浪，关于王莽代汉称帝的符瑞、图谶在各地纷纷出现。其中，固然有一部分是王莽授意伪造，但也有相当一部分反映了当时的民意。所以，不是王莽投机钻营、篡权代汉，而是西汉末年严重的社会危机和当时的客观形势把王莽推上了历史舞台。

元始四年（4），王莽的女儿做了汉平帝的皇后，王莽又做了宰衡，被给予九锡的赏赐，他离皇位越来越近了。元始五年，14岁的汉平帝对王莽流露出不悦的神色，王莽遂毒死汉平帝，又拥立了一个年仅两岁的刘婴做太子，号为"孺子"，自己做"摄皇帝"和"假皇帝"，并将年号改为"居摄"。当然，他每一步都少不了一番"表演"。

公元9年，王莽废孺子刘婴为定安公，自立为皇帝，改国号为"新"。

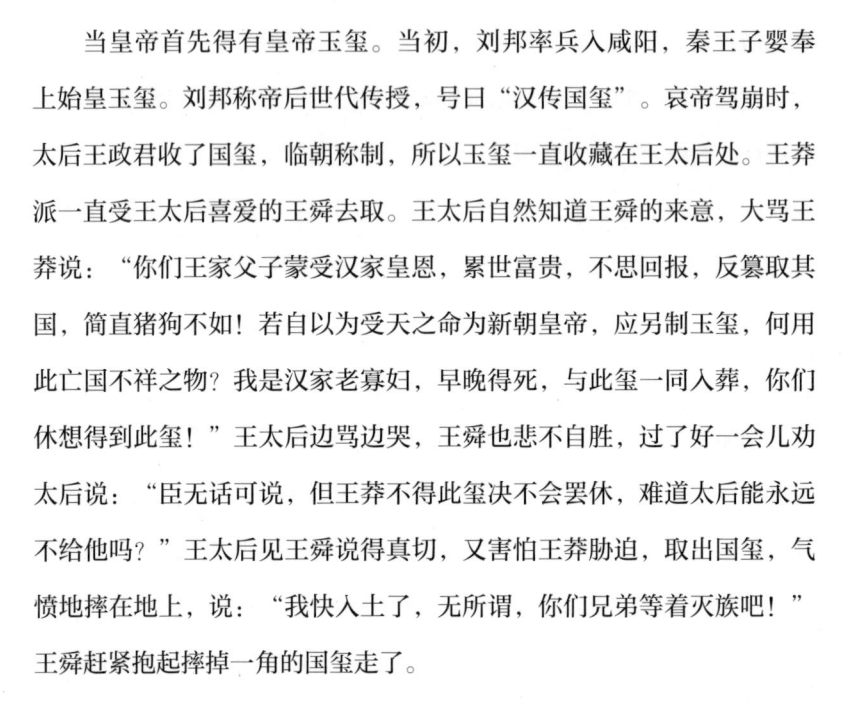

当皇帝首先得有皇帝玉玺。当初,刘邦率兵入咸阳,秦王子婴奉上始皇玉玺。刘邦称帝后世代传授,号曰"汉传国玺"。哀帝驾崩时,太后王政君收了国玺,临朝称制,所以玉玺一直收藏在王太后处。王莽派一直受王太后喜爱的王舜去取。王太后自然知道王舜的来意,大骂王莽说:"你们王家父子蒙受汉家皇恩,累世富贵,不思回报,反篡取其国,简直猪狗不如!若自以为受天之命为新朝皇帝,应另制玉玺,何用此亡国不祥之物?我是汉家老寡妇,早晚得死,与此玺一同入葬,你们休想得到此玺!"王太后边骂边哭,王舜也悲不自胜,过了好一会儿劝太后说:"臣无话可说,但王莽不得此玺决不会罢休,难道太后能永远不给他吗?"王太后见王舜说得真切,又害怕王莽胁迫,取出国玺,气愤地摔在地上,说:"我快入土了,无所谓,你们兄弟等着灭族吧!"王舜赶紧抱起摔掉一角的国玺走了。

看来,太后王政君对她娘家父兄参与朝政是有底线的。她可以倚重娘家的父兄子侄帮助汉家治理天下,多高的官位、多大的权力、享受什么样的荣华富贵都可以,但要改姓篡位绝对不行,因为她是汉家刘姓的太后。

王莽称帝后,王政君一直在矛盾和苦恼中生活。王莽虽然对这位姑母非常恭顺,但总不想让她再与汉家有什么关系。正好,有个善于阿谀奉承的远方同宗王谏,上书说:"皇天废汉而立新朝,太皇太后的称号也应随汉而废,以奉天命。"王莽抓住这个机遇,马上把王谏的上书给太后看。王太后看了,气得脸色煞白,狠狠地对王莽说:"他说得对啊!"意思是说:"既然如此,你就把我这个太后、你的亲姑母废掉吧!"于是,王莽赶紧给姑母出气说:"这是个悖德绝情之辈,应当杀死！我念姑侄之情，不能这样做，但也不能违背常理。既然汉家的太皇太后不伦不类，我这个做侄子的得为姑母的前途着想啊！"随后，他示意臣下献上一块昭示符命的铜璧，上写"太皇太后当为新室文母太皇太后"。于是，王莽下诏，正式把王政君的太皇太后更名为"新室文母太皇太后"，把那个上书要废掉王政君的王谏也杀掉了。这时的王政君只能听任摆布，心情似五味杂陈，什么也说不出来了。

新朝建国五年（13）二月，王政君去世。

王莽刚一即位，按照尊天敬祖的传统，尊黄帝为皇初祖考，尊舜为皇始祖考，尊田安为新王祖，追封高祖王遂为伯王、曾祖王贺为孺王。他下诏说，"王氏，虞帝之后也，出自帝喾""刘氏，尧之后也，出自颛顼"，都是黄帝的后裔，尧禅位给舜，刘氏禅位给王氏，这是"帝王之道，相因而通"。接着，他历数王氏先代姓氏说，"虞帝之先，受姓曰姚，其在陶唐曰妫，在周曰陈，在齐曰田，在济南曰王"，姚、妫、陈、田、王五姓的人，都是黄帝、虞舜的后代子孙，都是他的同族，都得入宗室名籍，世代免除赋税。

王莽又派骑都尉到各地修建先祖的陵园，黄帝陵园位于上都桥畤（今陕西省延安市黄陵县西北桥山之上），虞帝陵园位于零陵九嶷（今湖南省永州市），胡公妫满在淮阳陈（今河南省淮阳区），敬王田完在齐地临淄（今山东省淄博市），齐愍王在城阳莒（今山东省日照市莒县），伯王王遂在东平陵，孺王王贺在魏郡元城（今河北省邯郸市大名县东），并且每年派遣使者按四季前往祭祀。

王莽的新朝从公元9年开始到公元23年结束，共存在了14年。旧史家囿于封建正统观念，说王莽的新朝是"非命之运""余分闰位"，一直否认它的正统地位，但他们否认不了新朝的历史，王莽及王莽改制的内容仍然被载入中国古代史的史册。

《汉书》系统记载了王莽、王政君及王莽改制，他认为王莽在道德上是表里不一、骗取名望的人，"既不仁而有佞邪之材"，王莽的新朝是"窃位南面，处非所据"。后代史学家对班固的定性奉行不替，王莽成为"虚伪""奸诈""篡盗""窃位"的典范，"莽卓（王莽、董卓）"成了窃国大盗的代名词。

但是，王朝的兴亡更替不是用一两句话能概括的，评价一个历史人物，也不是用"虚伪""奸诈"就能定性的。南宋理学家陈普的一句诗说得很恰当："王莽当年似姬旦（周公）。"作为夺权者，王莽不仅有足够的勇气和胆魄，还足智多谋，有变诈难知的高智商。舜的后裔田氏长期经营工商业，形成了"言与行缪，虚诈不情"、多智谋、好变诈的传统，才孕育出司马穰苴、孙武、田忌、孙膑、田单等一大批善于"诡道"、讲求兵不厌诈的军事家。新朝当然不是一个愚蠢无知、鲁莽简单的人所能建立起来的。

王莽称帝后，并没有在皇位上享乐腐化，而是针对当时的社会危机进行了一系列的改制。王莽改制的内容相当庞杂，政治、经济、外交等方方面面都有所触及，主要内容大致如下：

第一，实行"王田""私属"制。

把天下的土地收归国有，统称为"王田"，禁止买卖。那些家庭人口男性不满8人，而占有田亩超过一井（900亩）的，要把多余的田亩分给亲属和乡邻。原来没有田，现在应当分得田的，按照规定办。把奴婢改名叫"私属"，不得买卖。

第二，实行五均、赊贷及六筦（管）。

五均是在洛阳、邯郸、临淄、宛、成都五大城市设立五均官，负责平抑物价，收取工商业税。

赊贷是贫民遇有丧葬、祭祀，或经营工商业而无资金者，可以向政府贷款。祭祀借贷须在10天内归还，丧葬借贷须在3个月内归还，以上两项借贷不收取利息。工商贷款每年交纳不超过所借数额1/10的利息。

在实行五均和赊贷的同时，王莽还设六筦之令。"筦"即"管"，就是由政府管理六种经济事业，即酒、盐、铁由国家专卖，铸钱由国家专营，向取利于名山大泽的养蚕、纺织、缝补、工匠、医生、巫、卜、樵夫、渔民、猎户及商贩征收山泽税，加上五均赊贷，合称为"六筦"。

第三，改革币制。

王莽共进行了四次币制改革，由于币值、种类太多，换算困难，流通不便，造成了很大混乱。

第四，统一度量衡。

王莽的度量衡器物，传世较多，尤以新莽铜嘉量为珍贵，它集斛、斗、升、合、龠为一体，构成了完整的度量衡总体。东汉以后各代，多承袭莽制。

王莽改制触动了大地主、大官僚的利益，遭到他们的强烈反对，于是王莽很快取消了改制的诏令，却引起了更大的混乱。加之王莽在改制的同时发动了对周边少数民族的战争，加重了人民的负担，引起了社会危机的总爆发，导致了一场全国性的农民大起义。地皇四年（23），绿林军攻入长安，王莽被杀，新朝灭亡。

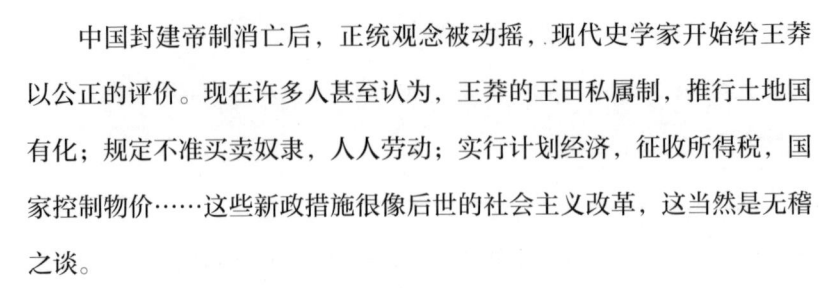

中国封建帝制消亡后，正统观念被动摇，现代史学家开始给王莽以公正的评价。现在许多人甚至认为，王莽的王田私属制，推行土地国有化；规定不准买卖奴隶，人人劳动；实行计划经济，征收所得税，国家控制物价……这些新政措施很像后世的社会主义改革，这当然是无稽之谈。

然而，胡适先生的确提出了一个与此相似、石破天惊的观点："王莽是中国第一位社会主义者。王莽受了一千九百年的冤枉，至今还没有公平的论定。"

土地兼并和奴婢问题导致了西汉末期的社会危机，王莽实行了一系列解决这一危机的社会改革，尽管他的措施有种种弊端，尽管他也在满足自己的种种私欲，但至少说明，他是一个具有远见卓识的政治改革家。

第八章
茫茫舜迹在济南

千佛山

作为大舜文化的重要发祥地，济南处处都留有大舜及大舜文化的遗迹，如舜城、舜（耕）山、舜田门（历山门）、舜祠、舜井、舜田、娥英祠等，引来了无数帝王将相和文人墨客的顶礼膜拜、赋诗撰文、歌功颂德。中华人民共和国成立后，旧有的遗迹不断得到妥善保护、修复，与此同时，在弘扬大舜文化的过程中，人们出于对舜的崇敬、怀念之情，对史料记载和民间传说的遗迹、物像和人物进行了发掘、复建，分别在千佛山、大明湖、趵突泉、舜井文化广场、舜耕路等再现了大舜当年的情景，使底蕴深厚的济南大舜文化更加丰富多彩。

一、大舜文化的渊薮——千佛山

千佛山旧称历山、舜山、舜耕山。隋唐时期，山东佛教昌盛。隋开皇七年（587），隋文帝为纪念其母（山东历城人），命工匠在这里的山崖石壁上雕凿了众多佛像，故得名千佛山。从历史进程看，千佛山首先是著名的虞舜文化圣地，其次是佛教历史名山。千佛山是泰山的余脉，海拔285米，与趵突泉、大明湖并称济南三大风景名胜区。

（一）千佛山舜祠

舜祠，是祭祀远古圣贤虞舜的祠庙。济南历史上建有三座舜祠，一座在千佛山上，一座建在庙山上，还有一座在市区中。

千佛山舜祠在历山院内。历山院位于兴国禅寺东侧，是一座坐落在千佛山北山崖上的长方形院落。明成化四年（1468），济南德王府内官苏贤欲成"善果"，捐资修建了三清殿和真武楼。因该院以纪念舜耕历山为主题，因此尊奉舜为天、地、水三神中的地神，奉尧为天神，奉禹为水神，立祠祀奠。清康熙年间，文人们又把儒家的创始者孔子供奉在文昌阁内。清代还曾建有观音堂，供奉观音菩萨。儒、道、佛三家，在历山院内"和谐共处"。现在历山院内的主要建筑有舜祠、鲁班祠、三圣殿等。

千佛山舜祠

历山院内居中的是舜祠，又叫重华殿、重华协帝殿。

北魏时期的郦道元在《水经注》卷八《济水》中写道："城南对山，山上有舜祠。"北齐人魏收在《魏书·地形志》中谈到齐州济南郡历城县时讲，历城有"舜山祠"。舜山即千佛山，这个舜山祠，就是千佛山的舜祠。

北宋乐史所撰写的《太平寰宇记》卷十九《河南道·齐州》载："历山，在县南五里。《水经注》云：'历山县南山上有舜祠，下有泉穴。'庙山，在县东南十里。按晏谟《三齐记》云：'县东南山，后人思舜之德，置庙于此。'"

其实，更符合"后人思舜之德，置庙于此"这一说法的是舜躬耕过的历山。

根据《太平寰宇记》引晏谟《三齐记》的记载，济南的历山、庙山两座山上各有一座舜庙。乾隆《历城县志》卷六《山水考一》记载："禹登山又西北而东北分者为荆山。荆山疑即古之庙山。"现在的荆山在今济南市东南浆水泉之北，被怀疑是古时所称的庙山。庙山的舜庙到北宋元丰年间（1078—1085）被移到南门内，与历祠合并。道光《济南府志》卷十八《祠祀·历城》载："虞帝庙在南门内府治西南舜井旁。旧在庙山，宋元丰间移建于此。"

《三齐记》的作者晏谟是东晋十六国时期的南燕人，舜庙所在的山被称为庙山，已经因庙形成了山名，说明舜庙相对南燕（398—410）来讲已经存在了很多年，其修建时间应该更早。《水经注》记载的"历山县南山上"的舜祠，也存在于北魏（386—534），其修建时间也应更早。这两座舜庙的修建时间应该相差不远。问题的关键在于，十六国之前，哪个朝代有修建舜庙的大气候？因此，有人推测，千佛山舜祠或建于王莽的新朝。

上古三代只有天子才有资格祭祀王室先祖、天地等，祠庙基本是建在行政中心或者葬地。延至春秋时期，济南从未做过国都，也不是虞舜的葬地，春秋时期的姜氏之齐也不奉舜为始祖，即便历山真是舜耕之处，也不会修建祠庙，因为这不符合当时的礼制。到战国时期的公元前386年，周天子正式册封虞舜的后裔田和为诸侯，姜氏之齐变成了田氏之齐。同时，地方祠庙的种类增多，舜作为田氏的始祖被立祠奉祀是极有可能的。然而，据《汉书·郊祀志》记载，齐地祠庙多祭祀天主、地主、兵主、阴主、阳主、月主、日主、四时主等齐地八神。

秦始皇崇尚法家思想，不会激发民间对孔孟称道的舜的崇拜。

直到汉武帝以后，儒家学说成为正统，从最初以维护等级制度为核心的思想体系，逐步发展为以教化为核心的思想体系，因而舜逐渐成为"人伦之至"，使得民间崇拜舜、民间广泛建筑舜祠以及官方利用民间信仰成为可能。

西晋永嘉之前的历城县不是州郡治所，为什么要在这样一个城邑远郊的山上建筑舜祠呢？在偏远的山上建庙，自然可以用"舜耕历山"的说法来解释，但"舜耕历山"肯定不是在山上耕作，没必要将祠庙建在山上。为了方便祭祀，似应像宋代那样将舜祠建筑在城内才是。远离人口聚集地，说明最初的这座舜祠不是单纯由民间信仰产生，而且也不是简单地利用民间信仰，而是由官方主持祭祀的，具有政治上的象征意义，而具有这样明确政治意义的只有新莽一朝。

王莽篡汉使用的手段就是禅让，而远古时期的舜是第一个正式通过

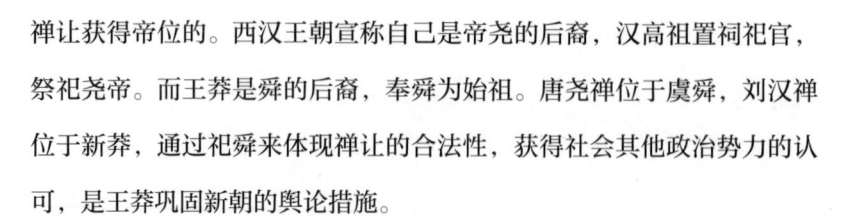

禅让获得帝位的。西汉王朝宣称自己是帝尧的后裔，汉高祖置祠祀官，祭祀尧帝。而王莽是舜的后裔，奉舜为始祖。唐尧禅位于虞舜，刘汉禅位于新莽，通过祀舜来体现禅让的合法性，获得社会其他政治势力的认可，是王莽巩固新朝的舆论措施。

对于舜的祭祀，王莽是非常重视的。建国伊始，他便在明堂祭祀皇初祖考黄帝、皇始祖考虞帝，欲将他们列入祖宗的亲庙，建立五所祖庙、四所亲庙，让他们的王后或夫人都配享。他还派人到各地修建先祖的陵园，在虞舜的葬地九嶷山大兴土木，修建舜庙。因此，王莽可能在当时所有疑似舜耕处的历山上都建过祠庙。前文讲到，王莽的高祖是济南伯王王遂，王莽称帝后在济南郡东平陵为王遂修建了陵园，还派遣使者每年四季按时致祭。而在舜耕作过的历山上修建舜祠，更有政治上的宣示意义，所以舜祠初建于新莽时期，是极有可能的事。

《汉书·王莽传》记载了王莽在颁布一系列尊祖祭祖的举措后，又讲："以新都侯东弟为大禖（一种祭礼），岁时以祀。家之所尚，种祀天下。"对"家之所尚，种祀天下"一句，唐代颜师古注曰："言国已立大禖祠先祖矣，其众庶之家所尚者，各令传祀勿绝，普天之下同其法。"意谓新朝立祠祀祖，天下都应该一同奉祀，不仅是皇室，地方也要祭祀。济南的舜庙很可能是根据王莽的这一要求，由地方政府主持建筑并定期祭祀的。王莽死于地皇四年（23），而天凤五年（18）赤眉军起，山东大乱，舜祠应在此之前而建，即历山上的舜庙极可能建于公元9年之后、公元18年之前的数年间。

千佛山舜祠，是千佛山上历史最悠久、海拔最高的一座庙宇，自建成后历朝历代多有兴修重建。2001年，政府在原祠遗址上重新修建。

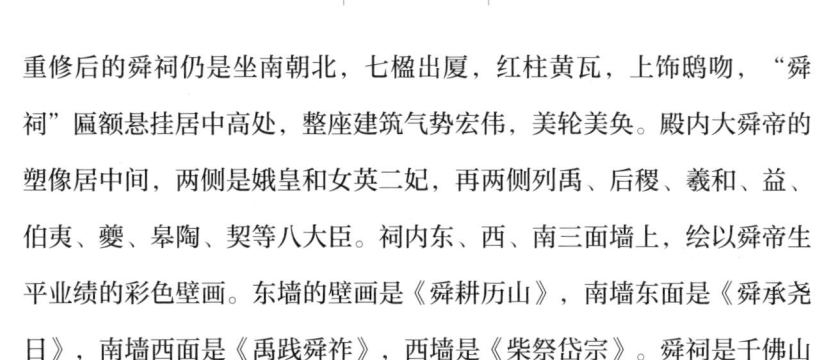

重修后的舜祠仍是坐南朝北，七楹出厦，红柱黄瓦，上饰鸱吻，"舜祠"匾额悬挂居中高处，整座建筑气势宏伟，美轮美奂。殿内大舜帝的塑像居中间，两侧是娥皇和女英二妃，再两侧列禹、后稷、羲和、益、伯夷、夔、皋陶、契等八大臣。祠内东、西、南三面墙上，绘以舜帝生平业绩的彩色壁画。东墙的壁画是《舜耕历山》，南墙东面是《舜承尧日》，南墙西面是《禹践舜祚》，西墙是《柴祭岱宗》。舜祠是千佛山弘扬和传承大舜文化的最重要景点。

在舜祠门外的檐柱上，悬挂当代书画家范曾所题楹联："古帝谙深情记得潇湘斑竹泪，娥皇钟隽秀长怀历下千山泉。"

舜祠修建在千佛山北面的山崖上，门口是一平台，平台下有两层石壁，第一层石壁镶嵌着"舜耕历山"画像，第二层石壁是镌刻《尚书·舜典》的巨幅字幅。《舜典》记载了舜的生平，全文近800字，端首"舜典"二字由蒋维崧先生题写，其他文字由他的弟子刘绍刚用金文字体书写。整幅作品长近30米，宽近6米，洋洋大观，与千佛山自然景观融为一体。《舜典》字幅的落成，为济南大舜文化建设增添了新的亮点。

舜祠的西侧是三圣殿，五楹出厦，庑殿顶，绿色琉璃瓦，规制比舜祠要小些，殿内祭祀的是三位先圣——尧、舜、禹，尧居中，舜居左，禹居右，两侧侍立皋陶、契、后稷、伯夷四大臣。他们的故事可谓妇孺皆知，但把三位先圣祀奉在同一座祠堂内的情况却不多见。在殿内东、西、南三面墙壁上，还绘有彩色壁画，东墙壁画是《治理九州》，西墙壁画是《后稷耕作》，南墙东侧壁画是《大禹治水》，南墙壁画是《大禹封赏》。整座殿堂内容丰富，置身其中，好似又把人们带回到了那个与险恶生存环境抗争的远古社会。

大舜

千佛山《舜典》

千佛山三圣殿

（二）舜耕山上觅舜迹

徜徉于千佛山上，舜迹星罗棋布，能让人们感受到巍巍五千年的古贤之风，以及一个圣人、一座圣山所传承的文化根脉。从古至今，千佛山上的大舜文化印记从未中断和泯灭。

走进千佛山正北门，左侧是著名学者徐北文先生撰书的《历山颂》石刻，以洗练的笔墨，简要介绍了舜的崇高品德、伟大政绩，以及舜与济南历山、济南文化的渊源关系。

过《历山颂》石刻沿主盘路往东侧一拐，在索道站东北侧即可看见"尧帝访贤"主题广场。由"尧帝访贤"主题广场向上行走30米，即为"历山溯源"主题园。这里以雕塑小品的形式，设有"历山溯源"石刻、"舜耕历山"石雕像，以及"石耒""石璧""石璜"等石雕，上刻历代名人或史册关于舜耕历山的论证、记载。

"舜耕历山"石雕像的后方，有五块巨大的方形印章，由东向西依次为"孝感动天""有凤来仪""德至舜明""熏风郅治""日月重

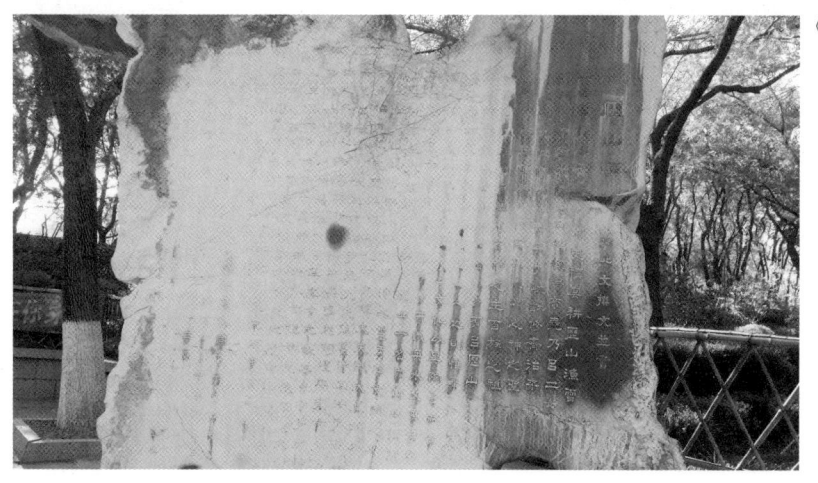

《历山颂》

大舜

148

历山溯源石

石耒

石璧

大象石雕像

华"。这些雕刻文字的由来，前面业已述及。

在"舜耕历山"石雕像西侧，有两座大象雕像：一座为公象，鼻子昂过头顶；一座为母象，鼻子弧形下弯，领护幼象。这当然来自"象耕鸟耘"的传说。在千佛山，大象成为大舜文化的标志，在舜祠、思亲亭等处均有大象的形象。

"舜耕历山"石雕像西南100米有大舜石图园，是系统表述东夷族文化和大舜文化的地方。该园占地面积2000平方米，中央是圆形石砌地面，圆形地面内有9根高8米的花岗岩大石柱，其形四方，自然平面，不加琢磨。石柱上均刻有大舜的事迹，计有尧舜相见、舜命禹治水、舜帝东巡、黄帝战蚩尤、嫦娥奔月、东夷族的图腾、羿射九日、夸父逐日、舜耕历山、虞舜三次罹难、舜帝南巡等。这些雕刻取自秦汉壁画、画像砖、马王堆汉墓帛画等。

游完千佛山大舜文化遗迹，让人感悟匪浅。千佛山这座圣山似乎有一种鲜活的灵魂，这就是几千年源源不断的大舜文化精神。它让我们穿越到几千年前的远古时代，不仅领悟到舜耕文化所蕴含的孝悌、爱民、劝善、礼让、德化、感召、利天下等，还让我们体味出远古先祖在生产力低下的情况下，对大自然奥妙的探索，对神灵和人类险恶环境的抗争和征服，以及对远古新生活的创造和开拓。

二、从舜田门走进舜井街

济南市的舜迹大致可以分为千佛山、舜井街、舜耕路、趵突泉、大明湖五部分，而最引人注目的是舜田门内的舜祠和舜井。

（一）舜田门

舜田门，亦称历山门，是原济南城的南门，位于现在的舜井街南头、南门大街的南门桥处，是济南最具文化内涵的一座城门。

济南南门桥西侧护城河两岸桥头有"舜耕历山日""尧嫁娥英时"的对联。南岸，一方长约5.2米、宽约3.5米、高约3.6米、重约90吨的巨大蒙山石巍然而立。石刻正面以汉隶体阴刻"舜田门遗址"五个大字。石刻下面刻有旧时南门门楼，也就是舜田门及城墙图样。城墙图案长约4米，中间部分是舜田门城楼的图案。石刻背面是《山东通志》和《历乘》的引文。

乾隆《历城县志》卷十《建置考一》引艾俊《重修舜田门城楼记》载，济南"旧有土城，年代无考。洪武四年（1371），始设砖石甃砌。周围一十二里四十八丈，高三丈二尺。辟四门，东曰齐川，西曰泺源，南曰舜田，北曰会波，俱有子门"。南门之所以叫"舜田门"，上述"舜田门遗址"石刻背面引清代《山东通志·古迹志》称，"舜田，在县南历山下，相传舜耕于历山，即此""今南门名舜田门"。又引明末济南人刘敕《历乘》："历山，城南五里，舜所耕处。"由此可知，舜田门正式修建于洪武四年。济南城旧有夯土城墙，自洪武四年开始修建砖石城墙、城门，并正式为四门命名。济南城的南门正对着历山，人们把济南南门到历山的土地称作舜田，是舜躬耕历山之地，为纪念舜耕历山和舜田，命名济南南门为舜田门，又称历山门。从此，这座城门具有了更为深远的历史和文化内涵。

明朝中期后，舜田门城楼被腐蚀破坏，时间久了可能就会倒塌。明宪宗成化四年（1468），钱塘人张珩任山东按察使，见舜田门城楼日

舜田门遗址石

舜田门遗址石上镌刻的文字

益凋敝，感叹说："这是我的分内事，如果不修缮的话，怎么保障黎民百姓的安危！"于是，张玢与同僚策划、筹备，重修舜田门城楼。修成后，舜田门焕然一新。

康熙登上舜田门城楼巡阅百姓

康熙二十三年（1684）十月初八，康熙帝南巡至济南，自西门入城，登上舜田门城楼，巡阅济南百姓。

20世纪30年代初，为方便交通，舜田门被拆除。

（二）济南城内舜祠的沧桑盛衰

济南城内舜祠也称舜庙、历祠、虞帝祠、舜皇庙。明清时期，济南城舜田门（南门）内是南门内（里）大街，其北段俗称"舜庙街"，现通称为"舜井街"。舜祠即在舜井街中段的西边。

城内舜祠始见于北宋人的记载，然而其始建年代要上溯到南北朝甚至更早的时代，它由历祠和庙山舜祠合并而成。

南北朝以来的舜井，是古历水的源头。乾隆《历城县志》卷九

《山水考四》引《太平寰宇记》载："历水在县东门外十步。按《三齐记》云：'历水在历祠下，泉源竞发，与泺水同入鹊山湖。'"鹊山湖即莲子湖，唐朝小说家段成式《酉阳杂俎》卷十一《广知》载："历城北二里有莲子湖，周环二十里。"鹊山在今济南市北，华山以西6公里处，黄河北岸。金代以前，华山至鹊山之间是一片汪洋，与古大明湖、历水陂沟渎相连，称为"鹊山湖"，因湖中多莲花，又称"莲子湖"。

在我国早期的宗教信仰中，水神与祖先神往往合二为一，如春秋时期东夷族太昊氏的后裔被分封于任（今山东省济宁市）、宿（今山东省泰安市东平县稍南）、须句（今山东省泰安市东平县西北境）、颛臾（今山东省临沂市费县西北）等，这些风姓小国祭祀祖先太昊和济水，他们祭祀的济水神就是他们的祖先太昊。由此推测，历祠所祀的历水神可能就是帝舜，历祠只是舜祠的别称而已。

济南城内舜祠的第二个来源是历山舜祠中提到的庙山舜祠。北宋元丰年间（1078—1085）重修济南城内舜祠时，将庙山神祠迁移到府内，二庙合一。

据乾隆《历城县志》卷十一引《齐乘》讲，舜祠在济南城内第二坊，旁边有舜井。古舜祠在庙山，城外沿庙山故道有古舜坊。由于城内舜祠是由庙山舜祠迁移、合并而来的，到清代仍然有庙山到城内的庙山故道，府外、府内的故道上有两座为舜竖立的牌坊。道光《济南府志》卷十八《祠祀·历城》亦载："虞帝庙在南门内府治西南舜井旁。旧在庙山，宋元丰间移建于此。"正是元丰年间的这次大修，才将庙山舜祠与舜井、舜祠合并为一处。

宽厚里舜祠

　　济南城内舜祠明确见于文献记载，始于北宋。宋神宗熙宁四年（1071），曾巩任齐州（今山东省济南市）知州，上任后的第一件事便是拜谒舜庙。熙宁八年（1075），苏辙作《舜泉诗（并序）》，序中明确提到"城南舜祠有二泉"。可见，舜井、舜祠至晚在熙宁年间就已存在，其与十六国时的历祠、庙山舜祠一脉相承。

　　宋代舜祠中供奉着舜帝的塑像，祠前舜井旁还立有据传是苏轼手书的欧阳修《留题齐州舜泉》诗刻石，这块石刻在明朝初期依然见在。据乾隆《历城县志》卷二十三《金石考一》载，城内舜祠的舜井前还有元丰二年（1079）四月竖立的、负责舜祠大修的齐州知州王临的"神在"二字碑，"神在"两个大字下面刻有王临跋语，碑后又刻"浐神"二字，大小与"神在"字同。"神在""浐神"之神，当然是指历水神帝舜。

　　宋、金、元、明四代，是舜祠历史上的辉煌时期，也是舜祠几经沧桑盛衰的沉浮时期。

金朝贞祐（1213—1217）以后，由于战乱，济南城空了20余年，舜祠沦为一片废墟。元朝济南人张养浩《过舜祠》诗用"荒祠"来咏叹舜祠破败荒凉的景象：

> 太古淳风叫不还，荒祠每过为愁颜。
> 苍生有感歌谣外，黄屋无心揖让间。
> 一井尚存当日水，九嶷空忆旧时山。
> 能令子孝师千古，瞽叟原来不是顽。

后来，丘处机的弟子陈志渊（号重玄子）于金哀宗正大五年（1228）创建华不注山的华阳宫之后，派弟子进驻舜祠废墟，主持舜祠的香火。当时舜祠仅为一座简陋的板屋。随后，华阳宫道士又在舜祠右侧空地上构建迎祥宫。迎祥宫雄伟壮观，与卑陋的板屋舜祠形成鲜明的对比。

直到元成宗元贞年间（1295—1297），济南知府斡赤拜谒舜祠，见舜祠卑陋不堪，于是发起重建。新建的舜祠，由一前一后的正殿和寝殿组成，正殿供奉虞帝像，寝殿供奉娥皇女英像，舜祠又开始初具规模。

到了明朝，百年舜祠历经风雨侵蚀，已是墙垣圮剥、木瓦腐漏，所以，又有了明英宗天顺四年（1460）、明神宗万历二年（1574）的两次重修扩建和明思宗崇祯年间（1628—1644）的重建，尤其是前两次修复，奠定了日后舜祠的规模和格局，除了正殿、寝殿、廊庑以及外门焕然一新外，还在正殿、寝殿的后面增建了歌薰亭，左右配以"重华协帝"和"大孝格亲"两座牌坊，并扩大祠宇周边的隙地，建起了高大的庙墙。

经过这两次重修扩建的舜祠，院落宽宏，殿宇巍峨，松柏苍翠，再次成为济南名胜，文人墨客多有吟咏。题咏中尤以刑部主事、武进人沈应奎《虞帝庙十二韵》最为知名。明末济南人刘敕在《历乘》中还把舜祠列为历城"十六景"之一，名曰"松韵南薰"。庙内有元代济南状元、史学家张起岩撰文书写，由著名文学家、济南人张养浩篆额的迎祥宫石碑，碑文记载了自金代兴定四年（1220）至元代至治三年（1323）舜祠和迎祥宫的兴废过程，因是济南两大乡贤合作的珍品，被誉为"济南镇府之宝"。

明朝崇祯五年（1632），济南南城内外发生大火，数千家房舍被焚毁，大火殃及舜祠，殿宇化为灰烬，唯独舜像安然无恙。灾后，山东巡抚朱大典下令历城知县贵养性重建舜祠。

清康熙四十二年（1703）春，舜祠因大火化为灰烬。几天后，舜井喷涌发水，舜祠废墟沦为池沼。清初学者、新城（今山东省淄博市桓台县）人王士禛（1634—1711）《香祖笔记》卷九载：

> 济南有帝舜祠，在南门之内。癸未春，方作醮事，火忽自殿上出，顷刻焚爇殆尽。逾数日，诸当事有事于祠，方就殿址礼拜，阶下舜井水忽溢高数尺，须臾泛滥，急觅舆马而出，竟不终礼而罢，亦异灾也。井水出祠北，流入明湖，至今尚然，不知是何祥也。

《聊斋诗集》卷四《过舜庙》中"小序"记载得略有不同，说的是康熙四十年（1701）舜祠遇火灾，第二年舜井泛滥。《过舜庙》诗记灾后舜祠废墟云：

> 松杉祠庙总悲凉，万古游人吊舜皇。
>
> 十二牧重经烈火，三千年复见洪荒。
>
> 劫灰断碣残烟黑，泡影摇波落照黄。
>
> 谟盖当时存圣迹，孝名今一历沧桑。

从诗中可知，清代舜祠重华殿内不仅有舜的塑像，还有舜肇十二州的长官配享。到雍正时，舜庙被重建。雍正《山东通志》卷二十一载："帝舜庙，在府治西南，庙西有二妃宫，祀娥皇、女英。旁有舜井。"可见，恢复后的舜祠与二妃宫、舜井并列。

乾隆十三年（1748），为迎接皇帝驾临，山东巡抚阿里衮重修舜祠重华殿，殿中设有虞氏神位。当年三月，乾隆帝南巡驻跸济南，拜谒舜祠，并赋诗一首，刻石置于重华殿内，诗云：

> 孝称千古独，德并有唐双。
>
> 历下仪刑近，城中庙貌庞。
>
> 春风余故井，云气护虚窗。
>
> 缅继百王后，钦瞻心早降。

可见，那时舜祠建筑的规模和气度也是很可观的。

乾隆《历城县志》卷四十五《仙释列传》载："李崇华，字美然，幼于城隍庙出家为道士。南门内舜庙颓圮已久，崇华竭力募修之。"李崇华募捐修缮舜祠，应在乾隆《历城县志》成书的乾隆三十八年

（1773）之前，这是清代文献记载的最后一次修缮。

1935年，私立山东国医专科学校在舜祠后院成立，同时创办了国医慈善医院。20世纪60年代中期，六十五中学成立，久已颓败的重华殿被拆除，在原址上建起了教学楼。

济南城内舜庙自建立以来，无论怎样逢灾受难，始终坐落在济南城之内，牵挂着济南千家万户的居民。它存在于济南1600多年之久，不仅表现了济南人民对舜这位人文道德始祖的崇敬和缅怀，更反映了大舜文化生生不息的生命力。

（三）源头活水恩波远——舜井

舜在凿井时遭遇父亲瞽叟、弟弟象的陷害，却用"龙工"之法挖出了两处甘泉，称作舜井，也叫舜泉。

从历史上看，说舜挖掘了舜井、舜泉也是有依据的。舜所处的父系公社社会末期，已掌握了人工凿井的技术。舜的臣下、东夷族另一首领伯益的一项重要创造发明就是人工凿井。从考古材料看，山东龙山文化城址、岳石文化城址中都有人工挖掘的水井。所以，舜开凿的舜泉、舜井的传说，不仅有考古学的依据，还昭示着远古人类已进入一个新的生活时代。

舜井在历史上名气很大，帝王将相、文人墨客、贩夫走卒等游赏者络绎不绝，留下了许多题咏诗句。从史料角度看，以唐宋八大家中的三位文学大家（欧阳修、曾巩、苏辙）的诗句最有价值。

1.欧阳修诗中的济南舜泉

北宋神宗熙宁元年（1068），著名政治家、文学家欧阳修任青州知府，任期三年，在此期间他写下了《留题齐州舜泉》诗：

岸有时而为谷，海有时而为田。

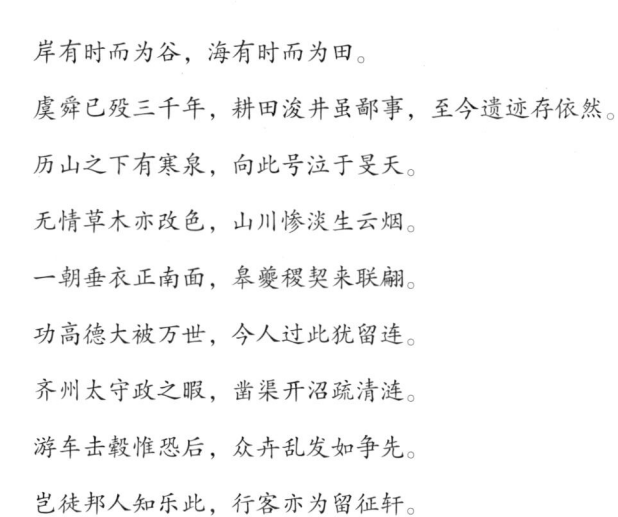

虞舜已殁三千年，耕田浚井虽鄙事，至今遗迹存依然。

历山之下有寒泉，向此号泣于旻天。

无情草木亦改色，山川惨淡生云烟。

一朝垂衣正南面，皋夔稷契来联翩。

功高德大被万世，今人过此犹留连。

齐州太守政之暇，凿渠开沼疏清涟。

游车击毂惟恐后，众卉乱发如争先。

岂徒邦人知乐此，行客亦为留征轩。

从诗中可知，欧阳修认为：第一，济南的舜井是大舜的遗迹，也就是说，欧阳修坚持"舜耕历山在济南"的观点；第二，欧阳修之前的齐州太守曾做过"凿渠开沼"工作，以疏浚舜泉的溢水，可证明北宋时舜泉周围是池潭和沼泽，流出的水形成了一条水渠；第三，北宋时济南舜井是人气旺盛的旅游胜地，车水马龙，热闹非凡。

此诗由苏轼书写立碑，成为舜祠、舜泉的著名景观。金元之际文人元好问在《济南行记》中记载，舜井处"有欧阳公诗，大字石刻"，即指此诗。乾隆《历城县志》卷二十四《金石考二》载，元朝至元十八年（1281），张之翰也说，"舜泉在历下，古今题咏固多。干戈以来，惟欧公诗刻在"。

2.曾巩《舜泉》诗中的舜泉

北宋神宗熙宁四年（1071）至熙宁六年（1073），曾巩担任齐州知州。在济南，曾巩可谓为官一任，造福一方，对济南的建设做出了卓越贡献。他主持修建了济南北水门、大明湖百花堤、百花台和北渚亭、环波亭、水香亭等，以及鹊华、百花、芙蓉、水西、湖西、北池、百花泺源七桥，使当时的西湖（今大明湖）成为济南的一大名胜。

曾巩的最大文化功绩，是在《齐州二堂记》中令人信服地否定了"舜耕历山"的"历山"在河东（位于今山西境内）的说法，肯定了"齐之南山为历山，舜所耕处"的说法。

曾巩出任齐州知州后的第一件大事就是拜谒舜庙，并写下现存最早的舜祠祭文《齐州到任谒舜庙文》：

> 维帝侧微之初，躬耕此土，历数千载，盛德弥新，传于无穷，享有庙食。巩受命出守，敢陈薄荐。维帝常垂阴施，惠此困穷，庶使遗民，永有依赖。

现在大明湖东北岸，有一座木瓦结构的古式庭院，叫南丰祠，就是为了纪念南丰先生曾巩而建造的。

曾巩对济南山水更是情有独钟，在济南任职期间曾游览舜泉，写《舜泉》诗赞曰：

> 山麓旧耕迷故垄，井干余汲见飞泉。
> 清涵广陌能成雨，冷浸平湖别有天。
> 南狩一时成往事，重华千古似当年。
> 更应此水无休歇，余泽人间世世传。

2015年新改造的舜井街西舜井周围的石栏上，仅镌刻了魏炎、曾巩、乾隆三位古人的诗，曾巩的《舜泉》赫然在目。

曾巩首先用"山麓旧耕迷故垄"来否定像迷宫一样的其他历山，肯定这里就是舜耕历山的历山脚下。舜井井水溢出，栏杆周围飞泉涌出，而所流入之"平湖"则是古代的历水陂，当时的西湖，今世的大明湖。"清涵广陌能成雨""重华千古似当年"，似乎是讲舜泉有致雨的神力，就像当年的重华（舜）号召夷夏联合治水一样。

3.苏辙诗中的舜和舜泉

就在曾巩离任济南的熙宁六年，苏辙来到济南。苏辙是济南山水的旷世知音，尤其痴迷于济南舜泉，他想方设法谋得齐州掌书记一职，不图官位，只求一睹舜泉的风采，充分表现了这位文学才子的任性和专注。他在《舜泉诗并叙》中说：

> 始余在京师，游宦贫困，思归而不能。闻济南多甘泉，流水被道，蒲鱼之利与东南比，东方之人多称之。会其郡从事阙，求而得之。既至，大旱几岁，赤地千里，渠存而水亡。问之，其人曰："城南舜祠有二泉，今竭矣。"越明年夏，虽雨而泉不作，邦人相与惊曰："舜其不复享耶！"又明年夏，大雨霖，麦禾荐登，泉始复发。民欢曰："舜其尚顾我哉！"泉之始发，潴为二池，酾为石渠，自东南流于西北，无不被焉。灌濯播洒，蒲莲鱼鳖，其利滋大。因为诗，使祠者歌之。诗曰：

> 历山岩岩，虞舜宅焉。虞舜徂矣，其神在天。其德在人，其物在泉。
> 神不可亲，德用不知。有冽斯泉，下民是祇。泉流无疆，有永我思。
> 源发于山，施于北河。播于中逵，汇为澄波。有鳖与鱼，有菱与荷。
> 蕴毒是泄，污浊以流。埃壒消亡，风火灭收。丛木敷荣，劳者所休。

谁为旱灾，靡物不伤。天地耗竭，泉亦沦亡。民咸不宁，日不享耶。
时雨既澍，百谷既登。有流泫然，弥坎而升。沟洫满盈，虾黾沸腾。
匪泉实来，帝实顾余。执其羔豚，苹藻是菹。帝今在堂，泉复如初。

又有《舜泉复发》诗：

奕奕清波旧绕城，旱来泉眼亦尘生。
连宵暑雨源初接，发地春雷夜有声。
复理沟渠通屈曲，重开池沼放澄清。
通衢细洒浮埃净，车马归来似晚晴。

苏辙于北宋神宗熙宁六年（1073）夏到熙宁九年（1076）十月，在济南居官三载，亲眼看见了舜井一带的盛况。苏辙的文字向我们提供了如下信息：

第一，苏辙出任齐州掌书记之后的数年间，舜泉出现因大旱而干枯、因雨霖而复涌的周期性循环。当年泉水复涌时，如发地春雷，汹汹有声，形成两个水池，汇为石渠，沟洫满盈，水势强盛，沟渠中蒲莲丛生，鱼鳖虾黾（蛙或蚌）沸腾。

第二，诗、叙中"自东南流于西北""施于北河。播于中逵，汇为澄波""奕奕清波旧绕城"之句，指明了舜泉之水的流向。复涌后新建的石渠同欧阳修讲的齐州太守所开的"绕城"土渠，走的是同一条路线。"自东南流于西北"，石渠引水入历水古道（北河），然后横穿连接东西城的中央大街（中逵），汇入碧波荡漾的大明湖（澄波）。

唐元和十年（815）以前，历城西南趵突泉的北面、今五龙潭一带是大明湖，称作"西湖"。再往北，在今大明湖西北一带，是历水陂，即今大明湖的前身，面积不大。当时，比大明湖、历水陂更大、更为著名的是历城北的鹊山湖。唐朝元和十年济南城有过一次大规模扩建，沿今西护城河到大明湖北岸一带修筑了高大的城墙，因当时城西有古大明湖，城北有鹊山湖，筑城用土只能在城墙内挖掘。城墙筑好后，在城内北部和西部地区形成了大片低洼地，城内诸泉汇入泺水，因流入鹊山湖的水道被城墙隔断，诸泉水汇入低洼地，形成了今日的大明湖。

苏辙所说的舜泉、历水的走向可以印证这一演变过程。乾隆《历城县志》卷九《山水考四》引《太平寰宇记》曰："历水在县东门外十步。按《三齐记》云：'历水在历祠下，泉源竞发，与泺水同入鹊山湖。'"这是唐元和十年以前舜泉、历水的走向，也说明舜泉及周围的香泉（舜祠西庑下的西舜井）、鉴泉、杜康泉汇合在一起成为历水陂、鹊山湖的水源。

乾隆《历城县志》卷九《山水考四》载："湖水，宋、元人皆云源出舜泉，今湖水与舜泉不通，或曰地下有沭流也。"该志引金朝元好问《济南行记》曰："水西亭之下，湖曰大明，其源出于舜泉。"这是唐元和十年以后舜泉的走向，即舜泉周围诸泉是原来历水陂、今日大明湖的水源。苏辙的诗和叙反映了北宋时舜泉流入今大明湖的水道。到了清代，由于舜泉很少喷涌，湖水与舜泉不通，这条水道也没有了。

第三，"因为诗，使祠者歌之"说明，当时的济南人将舜泉视为大舜的遗泽而虔诚地加以祭祀，祭祀舜祠、舜井时还有专门的歌词。苏辙之所以写《舜泉诗》，是为了给祭祀者提供更好的歌词，也为祭祀大舜贡献自己的绵薄之力，并向舜表示崇高的敬意。

4.元、明、清、民国时期舜井的周期性喷涌

舜井因魏晋南北朝、隋唐宋金时代井水涌溢不绝，故多以舜泉称之。明清以来，由于长期停涌，一般被称作舜井。上述欧阳修、曾巩、苏辙的诗均以舜泉为题，可见宋代习惯称舜井为舜泉。

经过金末20年的战乱，舜泉虽仍有东西二泉，水沼的溢水仍然要经古历水流入今大明湖，但同舜祠一样，均已破败不堪。因此，元好问写下了"至今历城下，有此东西泉。丧乱二十载，祠宇为灰烟。两泉废不治，渐著瓦砾填"的诗句。

元朝诗人王恽《秋涧集》卷七十四《水龙吟》（八）载："舜泉在济南城中，自壬子年，水来去不常。今秋岁八月，余到官两日，泉流复出，其深可历，回风萧萧，翠萍盈沼。邦人以为神来之兆。"王恽在元世祖至元十九年（1282）赴济南出任山东东西道提刑按察副使，到官两日舜泉复出，可见此前泉水是时断时续的。

明初，舜泉水量丰沛，经常性地涌溢于外。明成祖永乐二年（1404），山东按察司佥事晏璧作《舜泉》诗云：

巍巍舜庙历城南，中有清泉味极甘。

流出迎祥仙馆去，汪汪千顷泛波澜。

金元以来，西舜井又名香泉，明人晏璧作《香泉》诗云：

虞帝祠前春草芳，石池漾漾碧泉香。

源头活水恩波远，万顷坡田摆柳黄。

由这两首诗可以知道，当时西舜井是一个较大的石池，池中碧波荡

漾，由舜井至珍珠泉一带的池潭沟渎密布，"汪汪千顷泛波澜"，舜井仍是大明湖的源泉。

然而，此后的局面急转直下。由于地下水位大幅下降，泉水喷涌洋溢的奇观，仅西舜井香泉一泉可见，且六十年才得一见，诸泉喷涌竞发的现象也不复再现。晚明刘敕《历乘》卷三载："香泉，舜祠西庑下，其水六十年一发，发则沿街绕砌流入明湖，数月方休。"乾隆《历城县志》卷九《山水考四》引明末清初济南历城人叶承宗《历城县志》载："香泉，在舜祠西庑下。其水六十年一发，发则奔溢满城，道生鱼鳖。万历丁未一见。"万历丁未即万历三十五年（1607），此年香泉喷涌，水溢满城，鱼鳖都被冲了出来，联系上述晏璧《香泉》的"石池"可知，明代西舜井香泉在不喷涌时仍是一个石砌的深潭。

清代，舜井水流涌溢，可查的记载仅有两次。第一次发生在康熙四十二年（1703）春，王士禛《香祖笔记》记于舜祠火灾之后。这次喷涌，"井水忽溢高数尺，须臾泛滥""井水出祠北，流入明湖，至今尚然"，持续时间较长，给舜祠造成重大损失。

另一次发生在道光二年（1822），据民国年间修撰的《续修历城县志》卷一《总纪》载："秋八月，舜庙井水溢，由刷律巷达院署，十余日方止。"刷律巷位于舜祠西侧，舜井水溢出后经刷律巷抵达巡抚衙门，由此可以确定此次水涌之井为西舜泉（香泉）。

清代历城人马国翰《舜井诗》云："访古历山门，犹存舜时井。汲出至人心，弥弥逐修绠。"据此诗叙述，此时的舜井不再是溢流于外的水泉，也没有了潴水的池潭，已变成需要用水桶和绠汲水的井了。

据孙进之《济南山水古迹考》记载，韩复榘督鲁期间的某年秋天，舜井复发，县西巷水深没过小腿，人们都蹚水而行，这应是舜井最后一次喷涌。

章丘人王化东于1941年编辑出版的《济南名胜古迹辑略》记载："舜泉，在南门里舜井街，一名舜井。今设国医专科学校并慈善医院。内有方井一，相传以神术制伏一蛟，井前竖一石碑，书'龙虎护法'四字，旁刻细字数行，年远漫灭，不可辨识。供一木牌——'圣井龙泉通海渊脉之神'。"

5. 石龟沉井、舜井锁蛟、铁树开花的传说

有关舜井的神话传说，早在南北朝时期就出现了。前面讲到的"帝释变作一黄龙，引舜通穴往东家井出"的神话，就是从北魏开始流传的。金元以后舜井呈周期性喷涌，又演变出"石龟沉井"和"舜井锁蛟"的神话传说。这些神话传说，也是舜井文化的重要组成部分。

乾隆《历城县志》卷五十《杂缀二》引《铸雪斋别集》记载了"石龟沉井"的故事。

一日，明代王云芝先生入虞帝庙，正倚着廊诵咒，忽然西廊庑边的舜井中泉水喷涌泛滥，水漫溢出舜庙，横流街衢。先生身边的人得知消息，赶紧前往探视，但庙门紧闭不能进入，呼喊也没回应。来人登上庙墙察看，只见先生不停诵咒。济南府县官员集结，派衙役涉水翻墙而入，打开庙门，扶先生出来。先生叹气说："石龟已露顶矣，今门已开，又复下沉，深可痛惜。"原来，王云芝先生得到一本石函书，只有下卷没有上卷，书中说："上卷在舜庙西庑井内石龟腹中。"所以，先生到舜庙中诵咒，使舜井泉水喷涌，希望井底的龟能顺着泉水出来，从

石龟的腹中取出书的上卷。可惜的是，石龟刚刚露出头顶，庙门大开，石龟又沉入井底，再也不出来了。

舜井锁蛟、铁树开花的传说，在济南几乎人人耳熟能详。近人严薇青先生的《济南琐话》、孙进之先生的《济南山水古迹考》做了整理记载。

现在舜井井口上挂着一条铁链，传说大禹治水时降伏了一条破坏河道的蛟龙，用铁链将它锁在井内。这个故事是这样的：相传大舜时东海有一条"黑蛟"，名叫巫支祁（无支祁）。它多次向舜提出要当天下首领的要求，都被舜拒绝了。后来，舜确立禹为继承人，巫支祁怀恨在心，欲破坏禹的治水事业。他令东海鱼鳖一起发动洪水，淹没了历山和济南周围的村庄。大禹来到舜的家乡历山下，把无家可归的百姓转移到泰山、兴隆山、龙洞山上。大禹怀揣照妖镜，身带定海针，手挽降魔铁索，乘木筏在风浪中与巫支祁搏斗。他抛出降魔铁索，把巫支祁打倒在地，锁在舜井里。禹答应巫支祁，等到铁树开花，便可放它出来。

这个神话产生于禅让制和舜倡导的夷夏联合治水的背景下。由于尧舜时期是氏族民主时代的禅让制，巫支祁才异想天开，希望舜把天子的位置禅让给他。舜非但严词拒绝，还确立禹为自己的继承人。等到大禹到历山治水，治水工程已进入尾声时，仍然遭到巫支祁的破坏，反映了大禹治水的艰难和漫长。

铁树开花有多个版本，还另外有扁担发芽的说法，它的基本情节是：

清末，有个从外地来的差役到舜井边喝水，顺手把头上的红缨帽挂

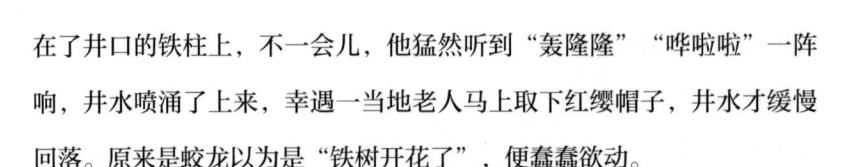

在了井口的铁柱上,不一会儿,他猛然听到"轰隆隆""哗啦啦"一阵响,井水喷涌了上来,幸遇一当地老人马上取下红缨帽子,井水才缓慢回落。原来是蛟龙以为是"铁树开花了",便蠢蠢欲动。

韩复榘督鲁时期,马路上开始有了电灯。韩复榘为父亲做寿,把舜井街上的木头电线杆换成了铁架形。正在井底沉睡的蛟龙,见到井口铁架子异常明亮,以为是铁树开花,就想挣断铁索飞出井外,因此搅得井水外冒。有当地老者见状惊恐万分,连忙对着井口大声呼喊:"那是电灯不是铁树开花!"数声过后,井水才慢慢平复。

再后来,南山有一壮汉挑了一担柴来卖,顺便到舜井看"黑蛟"。他不等放下柴担,就急忙往井里瞅,哪知一条"黑蛟"突然从井里飞出,摇头摆尾直向东海飞去。人们来到舜井时发现,铁链早已不在井内。原来这个壮汉挑的柴上,不仅带有青青的叶子,还带着各种颜色的鲜花,扁担两头包着铁皮,巫支祁认为是"铁树开花""扁担发芽"了,便挣断铁索飞出井外,逃回东海。从此,人们只看见舜井里有条铁索,却不见"黑蛟"的踪影了。

(四)万古游人吊舜皇——水神、泉神、雨神

舜祠、舜井被视为大舜遗泽,不仅是人们凭吊与缅怀大舜、寄托敬仰之情的所在,还是人们对舜帝遐思、改造的载体。

至晚从十六国时期历祠出现开始,舜就被济南民众尊奉为历水之神了。延至唐、宋、元,舜又被济南人奉为泉神和雨神。唐代魏炎"时闻汹汹动绿波,犹谓重华井中在"的诗句,似乎说明是舜的神力在操纵着泉水的喷涌。基于这种信仰,到宋代舜便成为涌动泉水、滋润万物、保佑黎民的泉神了。由苏辙《舜泉诗并序》可知,见舜泉干枯,百姓都

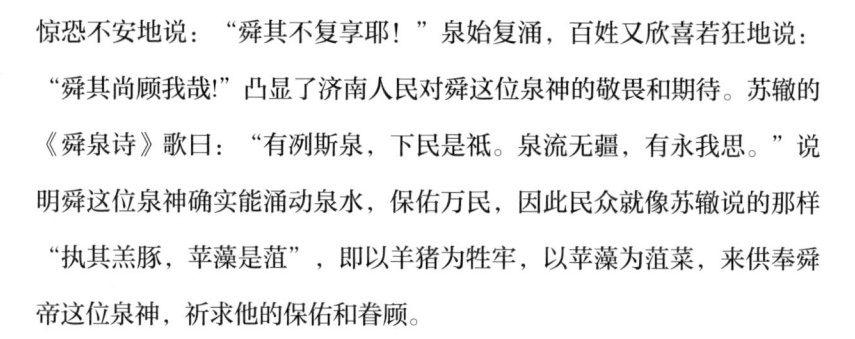

惊恐不安地说："舜其不复享耶！"泉始复涌，百姓又欣喜若狂地说："舜其尚顾我哉！"凸显了济南人民对舜这位泉神的敬畏和期待。苏辙的《舜泉诗》歌曰："有洌斯泉，下民是衹。泉流无疆，有永我思。"说明舜这位泉神确实能涌动泉水，保佑万民，因此民众就像苏辙说的那样"执其羔豚，苹藻是菹"，即以羊猪为牲牢，以苹藻为菹菜，来供奉舜帝这位泉神，祈求他的保佑和眷顾。

金元时期，舜和舜井"致雨禳灾"的形象十分明确。王恽《秋涧集》卷七十四《水龙吟》（八）："泉流复出……邦人以为神来之兆。"在济南人心目中，舜是胸怀天下、励精图治的圣君，当然不会有狭隘地方主义思想，不会只在舜泉喷涌时才回来眷顾，因此张起岩《迎祥宫碑记》碑铭认为，舜和舜井兴云致雨的范围远远超出济南，能"气绵仓悟，霖雨八区"。甚至到了近代，舜井仍有"圣井"之称。

从宋代开始，城内舜祠与舜井相依相存，除了常规的祭祀、拜谒之外，还成为济南民众甚至是朝廷祈雨禳灾的场所。

舜帝致雨禳灾的能力，在元武宗时得到了验证。乾隆《历城县志》卷十七《古迹考四》引元代李国凤《济南郡公张宓神道碑》载，山东宣慰使、济南郡公张宓任尚沐奉御时，元武宗要他陈述古代圣人可以效法者，张宓进言："臣家济南，帝舜庙在焉。舜，圣人也。"接着向武宗讲述了舜孝亲的几件事例，又说："帝王之德，莫大于孝。"至大二年（1309），山东发生旱灾和蝗灾，元武宗命张宓到济南舜庙致祷救灾，"讫事而雨，蝗则近死。还奏，称旨"，为此，元武宗赏赐了张宓一件金织衣。朝廷派官员到济南舜庙祈雨禳灾，消弭了一场灾荒，此事引起天下轰动，从此舜庙的香火更加旺盛。

明代济南历城人李攀龙写有《舜庙哭临大雪》一诗，虽然诗意晦涩，难明底里，但仅从诗题看，便可知道那时民间不仅尊舜为水神、泉神和雨神，认为舜能兴云致雨，还把他的神权扩大为能操纵止雪或下雪，故而有"舜庙哭临大雪"的举动。

清朝中叶以后，由于舜井喷涌难得一见，济南祈雨之地由舜祠转移到龙洞和五龙潭了。当然，常规的祭祀和拜谒仍然奉行不替。据清代道光《济南府志》卷十八记载，清代舜祠的祭舜大典在每年仲春和中秋各举行一次，由山东巡抚主祭，有时由布政使代理。娥皇、女英的二妃祠在舜庙重华殿的西侧，与虞帝大舜同时致祭。

中国社会的神灵信仰特点鲜明，主要表现在偶像崇拜的多元性和祈祷活动的实用功利性。偶像崇拜的多元性表现在同一个神灵可以做多种解释，如中国的门神、财神都有多个人选。泰山神原本是东岳大帝，后来碧霞元君喧宾夺主，坐镇泰山顶。尤其是具有地域特色的水神、河神、土地神、城隍神等，多由有功于当地的人物来充当，只要当地民众一致拥戴，就能被尊奉为神，他们可以连选连任，但民众如果发现新的人选，也可撤换。兴云致雨的神灵既有龙王，又有许多地域性水神、河神，而在山东济南则是雨神大舜。说到祈祷活动的功利性，《国语·鲁语上》中春秋时期的柳下惠讲得最露骨：民众之所以祭祀祖先和前哲令德之人，是因为"有功烈于民者也"；祭祀日月星，是"民所以瞻仰也"；祭祀木火土金水等"地之五行"，是"所以生殖也"；祭祀"名山川泽"，是"所以出财用也"，"非是不在祀典"。也就是说，所有祭祀的对象都是能够造福民众的人和物，对民众生活无用的一概不祭祀。这种祭祀活动的实用功利性，反映了在生产力低下的情况下，民众

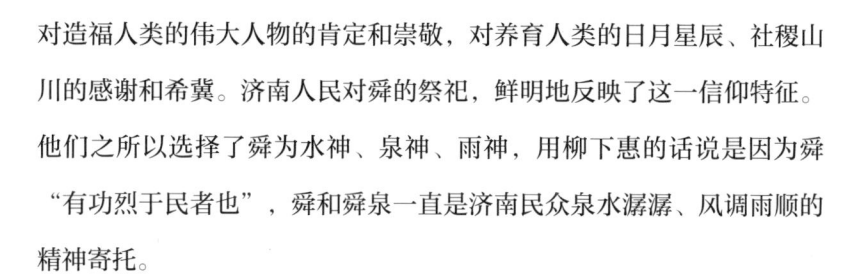

对造福人类的伟大人物的肯定和崇敬,对养育人类的日月星辰、社稷山川的感谢和希冀。济南人民对舜的祭祀,鲜明地反映了这一信仰特征。他们之所以选择了舜为水神、泉神、雨神,用柳下惠的话说是因为舜"有功烈于民者也",舜和舜泉一直是济南民众泉水潺潺、风调雨顺的精神寄托。

然而,让中华民族的人文道德始祖担任济南的水神、泉神、雨神,未免有点委屈。因此,所有古代典籍都是影影绰绰地暗示,没有一条典籍明确宣称舜是济南的水神或者泉神、雨神等。张忑在元武宗面前肯定讲过舜能兴云致雨,不然元武宗不会派他到舜庙祈雨禳蝗,但他也没讲舜是济南的雨神或者泉神,只是说舜是圣人。结合后面要讲的趵突泉最早的娥英祠,趵突泉水被称为"娥英水",娥英水之神即趵突泉之神为娥皇、女英,舜和娥皇、女英就是济南泉神的观点是有据可循的。

三、大明湖畔觅舜迹

大明湖历史悠久,北魏郦道元《水经注》卷八《济水二》载,"其水北流为大明湖,西即大明寺,东、北两面侧湖",这是古大明湖。唐元和十年(815)以后,历水陂扩大为今大明湖。宋代,大明湖称西湖。

以舜泉及周围诸泉为水源的历水与以趵突泉为水源的娥英水(泺水)是济南古城的母亲河,历水之神为大舜,娥英水之神为娥皇、女英。两条河水都注入历水陂,历水陂又是今天大明湖的前身。因此,大明湖有大舜文化景观由来日久,现存的主要有北渚桥和闻韶驿。

（一）北渚亭、北渚桥

乾隆《历城县志》卷十五《古迹考二》引《水经注》载："泺水北为大明湖，西即大明寺，寺东、北两面侧湖，此水便成净池也。池上有客亭……"该志又引元人于钦《齐乘》曰："详《水经注》，则大明湖亦源于泺。城西五龙潭侧，古有北渚亭，岂池亭遗迹耶？"唐代诗人杜甫《陪李北海宴历下亭》有"东藩驻皂盖，北渚凌清河。海右此亭古，济南名士多"的诗句。可知，北渚亭也称客亭，和历下亭同样最早建在古大明湖，位置在今济南五龙潭一带，当时今大明湖的绝大部分还是陆地。

北宋熙宁五年（1072），齐州知州曾巩在今大明湖北岸重建北渚亭。清代光绪修《山东通志》卷三十四称："北渚亭在大明湖上，宋熙宁五年齐郡太守曾巩建。""北渚"二字近取杜甫诗句，远取《楚辞·九歌·湘夫人》"帝子降兮北渚"的原典。所谓"帝子"，就是帝

大明湖北渚桥

尧之女、帝舜二妃娥皇、女英。北渚亭在宋金元时期是享誉四方的济南名胜，北宋文学家曾巩、苏辙、晁补之，元代学者郝经，都留下了歌咏北渚亭的诗句。明代以后，北渚亭逐渐圮毁。2007—2009年大明湖扩建时，于东湖西北端修"北渚桥"，以为纪念。

（二）闻韶驿、闻韶馆、闻韶台

韶，即舜所作《韶》乐，是舜创作的乐章之一。大明湖畔的馆、台、驿以"闻韶"命名，是济南民众怀念舜在音乐上的重大创造的精神寄托。乾隆《历城县志》卷十六《古迹考三》引明末王象春《齐音》："闻韶馆在城中湖上，城北又有闻韶台。"该志称："按旧志，大明湖南又有闻韶驿。"可知，明代大明湖上和湖畔建有闻韶馆、闻韶台和闻韶驿。其中，湖南的闻韶驿可能是济南府驿站的名称。后来，这些建筑逐渐坍废。

2007—2009年大明湖扩建时，在今大明湖东北岸重修了闻韶驿。

大明湖闻韶驿

四、趵突泉的舜迹

趵突泉是泉城济南的象征与标志，被誉为"天下第一泉"，也是最早见于古代文献的济南名泉。早在2600年前的编年体史书《春秋·桓公十八年》中就有"公（鲁桓公）会齐侯（齐襄公）于泺"的记载。

北魏郦道元《水经注·济水》载："（泺）水出历城县故城西南，泉源上奋，水涌若轮……俗谓之娥姜（英）水，以泉源有舜妃娥英庙故也。"

道光二十年（1840）所修《济南府志》卷十八《祠祀·历城》也载："二妃祠旧名娥英庙，在趵突泉。"

趵突泉泺源堂

趵突泉流出的水，古时称泺水，向北流入古大明湖、历水陂，与历水汇合，自泺口流入济水。早在北魏郦道元之前，趵突泉附近就有舜妃娥英庙，趵突泉流出的泺水被命名为"娥英水"。可见早在1500年前，娥皇、女英就被尊奉为主管趵突泉和泺水的泉神和水神了。

《水经注》《魏书》记载的娥英祠，历经沧桑，后荒圮不堪，化为废墟。北宋熙宁四年（1071）至熙宁六年（1073），著名文学家曾巩知齐州，在古代娥英祠的旧址上建二堂，南堂紧临泺水之源，故称"泺源堂"；北堂因南对历山，曰"历山堂"。曾巩修建二堂的同时，并作《齐州二堂记》，正式赋予泺水之渊以"趵突泉"的名称，说明修建二堂是为了"于泺水之上以舍客"，作为官方的旅馆，对历山、泺水进行了周详的考证，确认《史记·五帝本纪》所云"舜耕历山"的历山即济南之历山等，对济南的历史文化地位产生了巨大影响。

曾巩修齐州二堂不久，北宋元丰年间（1078—1085）在历城东重修舜祠，将庙山舜祠迁到城内，与历水源头的历祠合二为一，新修的舜祠兼祭娥皇、女英，趵突泉畔的娥英祠失去了存在的必要。

金元以后，齐州二堂改为吕祖庙，又称吕仙祠、吕公祠。明末济南人刘敕在《历乘》中记载，吕仙祠为金元之际的元好问重建，并陈述其重建的原因是元好问巧遇了八仙之一的吕仙吕洞宾。明朝都转运使张奎光又改吕仙祠为吕仙阁，在祭祀吕仙的同时，"增祀文昌、钟离像"。

由于缺乏史料记载，齐州二堂改为吕祖庙、二堂布局演变为三殿的原因后人并不十分清楚。《续修历城县志》引清代诗人范坰诗曰：

曾向名泉唱楚辞，何年改建吕公祠。

泺源堂上尘心远，记取遗山入梦时。

该志注释说："吕公祠在趵突泉上，不知所原起。元遗山太原遇仙事，是金以前即有之，而《济南行记》独不叙此，未识何据。即娥英庙亦不知何时废也。"

清初诗人、文学家王士禛尤为关注娥英祠，他在《香祖笔记》中呼吁："娥皇女英祠在趵突泉，今废。曾子固（曾巩）诗'曾成齐鲁封疆会，况托娥英诧世人'。俗人但知吕仙祠矣。"他还写了一首《娥英祠》诗，对娥英祠的荒废表示遗憾：

> 泺源通北渚，当日祀英皇。
> 帝子何年去，灵祠几代荒。
> 九歌怨兰芷，二水似潇湘。
> 仿佛云和瑟，青峰写恨长。

清顺治十一年（1654），道员何启图改中殿历山堂为阁，上层祠文昌，下层祀钟离，同时将阁后李公祠改祀斗母，称"斗母宫"，前殿仍祀吕祖吕洞宾。后来，三殿通称"吕祖庙"。

据毛鸿宾《重修趵突泉祠宇记》载，清咸丰四年（1854）四月至八月重新修缮吕仙祠，并疏浚趵突泉三窟。该记的作者毛鸿宾亲自参与了修缮，记中盛赞吕仙护佑济南之"灵应"，三大殿的布局应该是维持原状，仍然没有娥皇、女英。

今趵突泉水北岸的泺源堂、娥英祠、三圣殿等仍为明清时期的建筑，1979年9月3日被公布为济南市第一批重点文物保护单位，济南市人民政府所立的铁牌仍然镶嵌在泺源堂东墙外面，名称仍然是"吕祖庙三大殿"，后二殿已变为娥英祠、三圣殿。

三大殿坐北朝南，建在同一中轴线上，是趵突泉畔著名的明清建筑。最南第一大殿为泺源堂，为高架两层阁楼，歇山飞檐，红漆木槛柱，黄色琉璃瓦，金碧辉煌，蔚为大观。门上匾额，镏金隶书"泺源堂"。抱厦楹柱,悬挂木刻楹联"云雾润蒸华不注,波涛声震大明湖",摘自元代书画家赵孟頫咏《趵突泉》诗句,为当代书法家金芬所书。殿前为卷棚式厦檐,殿台临水,是观赏趵突泉景的最佳之处。

中间二大殿即原来的历山堂,也是高架两层阁楼,红柱绿瓦,熠熠生辉,可与泺源堂媲美。现二大殿为娥英祠,正中是娥皇、女英塑像,北、东、西墙上有"娥皇女英下嫁虞舜""瞽象害舜敫手报信""舜崩苍梧泪洒潇湘""井廪之难娥英救舜"等相关人物壁画。

最北面的三圣殿为单层殿堂,古朴元华。三圣殿亦称三圣宫,原为斗母宫,始建于明朝。现殿内塑像为尧、舜、禹,及皋陶、契、后稷、伯夷等四大臣。周围东、西、北三面墙上有"舜耕历山三年成都""巡守东岳制礼作乐""尧禅于舜试之百方""大禹治水以定九州"以及相关人物壁画。

观览趵突泉娥英祠、三圣殿的塑像和壁画,使人自然而然地联想

趵突泉娥英祠

到魏晋南北朝时期独立于趵突泉畔的娥英祠和潺潺流出的娥英水、娥英河，由趵突泉到舜田门内的舜井，是舜一家人生活的家园，也是"舜耕历山三年成都"的中心，娥皇、女英是最早结识、主宰趵突泉和泺水的水神、泉神。早在1600多年前，济南人民在缅怀舜和娥英二妃时，就把这里的土地、山水当成对她们的精神寄托了。